The Self-Constrcution of a
Marginal Occupational
Group: The Case of Diviners

边缘职业群体的自我建构

以术数从业者为例

李 耕……著

中国社会科学出版社

图书在版编目(CIP)数据

边缘职业群体的自我建构：以术数从业者为例 / 李耕著. —北京：中国社会科学出版社，2019.12（2021.10 重印）

ISBN 978-7-5203-4099-1

Ⅰ.①边⋯ Ⅱ.①李⋯ Ⅲ.①方术—从业人员—研究 Ⅳ.①B99

中国版本图书馆 CIP 数据核字（2019）第 036475 号

出 版 人	赵剑英
责任编辑	刘 芳
责任校对	季 静
责任印制	李寡寡
出 版	中国社会科学出版社
社 址	北京鼓楼西大街甲 158 号
邮 编	100720
网 址	http://www.csspw.cn
发 行 部	010-84083685
门 市 部	010-84029450
经 销	新华书店及其他书店
印 刷	北京明恒达印务有限公司
装 订	廊坊市广阳区广增装订厂
版 次	2019 年 12 月第 1 版
印 次	2021 年 10 月第 2 次印刷
开 本	710×1000 1/16
印 张	11
插 页	2
字 数	203 千字
定 价	58.00 元

凡购买中国社会科学出版社图书，如有质量问题请与本社营销中心联系调换

电话：010-84083683

版权所有 侵权必究

目　录

导言 …………………………………………………………………（1）
　一　有关术数的社会文化批评 …………………………………（2）
　二　中国文化里的命运观 ………………………………………（4）
　三　研究角度 ……………………………………………………（9）
　四　田野调查与方法论 …………………………………………（10）
　五　本书的结构 …………………………………………………（13）

第一章　术数在中国的社会文化与政治地位 …………………（16）
　一　近代以前的术数 ……………………………………………（16）
　二　现代化早期的术数：1880—1927年 ………………………（20）
　三　国民党政府时期的术数：1927—1949年 …………………（21）
　四　中华人民共和国成立到改革开放之前的术数：
　　　1949—1979年 ………………………………………………（22）
　五　1979年以来的术数 …………………………………………（23）
　六　小结 …………………………………………………………（27）

第二章　术数实践与术数从业者 ………………………………（28）
　一　术数技术 ……………………………………………………（28）
　二　套路行话 ……………………………………………………（31）
　三　术数的宇宙观 ………………………………………………（36）
　四　术数中的"好运" ……………………………………………（38）
　五　街头、店铺与公司术数 ……………………………………（41）
　六　依据知识背景的分类 ………………………………………（44）

七　江湖术士 …………………………………………… (45)
　　八　"我就是底层"：田先生的故事 …………………… (49)
　　九　"我们这行只是落魄文人的临时生意"：牛先生的
　　　　故事 ………………………………………………… (50)
　　十　处理关系的术数从业者：王先生的故事 ………… (52)
　　十一　小结 …………………………………………… (56)

第三章　典型顾客案例 ……………………………………… (59)
　　一　商人 ………………………………………………… (60)
　　二　不安分的年轻女商人燕 …………………………… (61)
　　三　影响燕的导师型术数从业者 ……………………… (62)
　　四　帮燕提升"财运"的风水大师 …………………… (63)
　　五　燕取得成功，并使兄弟姐妹受益 ………………… (64)
　　六　术数在燕的事业与生活中的作用 ………………… (64)
　　七　寻求向上流动的人 ………………………………… (65)
　　八　升迁期待 …………………………………………… (67)
　　九　工作压力 …………………………………………… (69)
　　十　未婚女性 …………………………………………… (71)
　　十一　"剩女" ………………………………………… (72)
　　十二　结婚年龄推迟引起的焦虑 ……………………… (73)
　　十三　桃花运 …………………………………………… (74)
　　十四　小结 ……………………………………………… (76)

第四章　术数从业者的道德话语 …………………………… (78)
　　一　术数对伦理关系的强调 …………………………… (78)
　　二　人伦关系原则弥散在术数知识技术体系中 ……… (80)
　　三　道德化攀附佛教的案例 …………………………… (84)
　　四　道德话语对术数从业者的自我建构 ……………… (85)
　　五　道德话语帮助从业者在咨询中建立权威地位 …… (89)
　　六　小结 ………………………………………………… (91)

第五章　术数与"传统文化" ……………………………… (95)
　　一　《易经》作为术数的代称 ………………………… (95)

二　《易经》在术数从业者自我建构中发挥的自我建构
　　　　作用 ………………………………………………………… (98)
　　三　文化民族主义 ………………………………………………… (101)
　　四　"传统文化"得到支持和推广 ……………………………… (102)
　　五　术数对"传统文化"和"国学"的攀缘 ……………………… (103)
　　六　《易经》与传统文化对术数的影响 ………………………… (106)
　　七　小结 …………………………………………………………… (107)

第六章　术数与心理咨询 ……………………………………………… (109)
　　一　术数从业者关于心理咨询的观点 …………………………… (109)
　　二　咨询师对心理咨询的界定 …………………………………… (112)
　　三　心理咨询：需要标准化的新领域 …………………………… (113)
　　四　术数与心理咨询的异同 ……………………………………… (116)
　　五　心理咨询师和术数从业者的一次交流 ……………………… (120)
　　六　小结 …………………………………………………………… (122)

第七章　商品化的专业主义攀附 ……………………………………… (124)
　　一　信任、专家体系和专业化 …………………………………… (124)
　　二　机构组织 ……………………………………………………… (125)
　　三　空虚的学术化 ………………………………………………… (128)
　　四　证书、奖项与商品化的专业主义 …………………………… (130)
　　五　小结 …………………………………………………………… (131)

结论 ……………………………………………………………………… (135)

附录　当代算命占卜的自我合理化 …………………………………… (142)

参考文献 ………………………………………………………………… (155)

索引 ……………………………………………………………………… (160)

后记 ……………………………………………………………………… (162)

导　言

古代文献中,"术数"或又称为"数术",指人通过阴阳五行生克制化的数理来推断人事吉凶、指导生存的种种方法。《汉书·艺文志》列天文、历谱、五行、蓍龟、杂占、刑法六种为术数。随着时间的推移,术数的类型不断增加,诸如星占、卜筮、相命、相地、择日、拆字、占梦、符法等皆入术数之门。术数是有关命运的学问与技术,与中国传统民众信仰有盘根错节的关系,术数里面有哲学认知、归纳推理,更有迷信法术。虽然有很多迷信糟粕内容,但是术数在整个华人世界都持续流行,有较高的心理接纳度和广大市场。相对于制度化宗教,对于民间信仰似乎相对缺少有效而明确的措施。如果想要更好地管理广为流行、涉及人群较多的民间信仰实践,应更多地深入社会文化逻辑层面进行解读,只有这样才能加深我们对这个大众现象的理解,创制相应有效的规范。对于术数的研究,可以从历史、学理和实务三个角度展开。从远古时期的"河图""洛书",到三代以来的"洪范五行"、王官之学、阴阳家,再到中古时期京房易、干支纳音对整个术数体系的充实,再到宋代以来大量没有进入官僚体系的知识分子投身于禄命执业实践,扩展子平规则,进行文本总结——术数体系不论是在学理方面还是从社会实践的角度,都是历史研究中较为经典的一类研究对象,对于深入理解古代思想史、科技史、社会史、文明史都有无可替代的地位。例如有学者总结出巫史传统是中国很重要的一条文脉,[1] 也有学者从占星术窥探古代天文历法蕴藏着的待解难题,[2] 还有人通过分析宋代读书人与占卜行业的紧密关系,佐证了科举体制对人才承载

---

[1] 李泽厚:《说巫史传统》,上海译文出版社2012年版。
[2] [日] 桥本敬造:《中国占星术的世界》,王仲涛译,商务印书馆2012年版。

量的萎缩和印刷技术的普及等。[①] 术数在悠久的历史积累中所形成的学理性也让许多爱好者孜孜不倦地埋首典籍、遍访名家，在寻章觅师的过程中虔诚地探讨生克制化之理。而专业的术数从业者作为一个古老的职业群体不但本身人数众多，也牵连起一个或许可以放置于民俗文化服务类别的生意链条，联系着数量庞大到难以数计、包括各个社会群体的顾客。以术数谋生，意味着从业者需要审时度势、察言观色，发展出多种策略和技巧来不断建构关乎"命运"的业务。

本书主要是从职业群体角度入手，即从术数作为一个职业性的、实务性的领域出发，关注术数从业者如何进行自我构建，尝试回答下列问题：从业者如何看待自己的职业？如何在缺少合法性的前提下，发展出各种策略及话语来谋求生存空间，建构自身职业的价值？术数从业者寻求社会、政治合法性的举动也使我们有机会观察在一个社会里，意义和价值如何被一些人群有意地"制作"出来，这个制作过程从侧面展示了主流社会的逻辑肌理、价值倾向和运转原则。"边缘人"在扩展时空的过程中对各种相关制度和历史的不断解释，是我们触摸社会逻辑的一个路径。在深入了解边缘行业的基础上进行批判研究，也是针对封建迷信成分开展有效治理举措的前提。

一　有关术数的社会文化批评

相对于中国的术数，人类学领域有诸多围绕占卜、超自然信仰、巫术的认知、功能和符号的研究，而较少关注社会和政治合法性的问题，以及占卜意义之所以能产生的条件。下文仅梳理与术数的社会条件最相关的文献，避免对大量的人类学文献进行重复性综述。

在某些文化中，例如，非洲部落或世系社会，多数社会成员认为占卜合理合法，而目前多数盎格鲁-撒克逊人的世界里，占卜已经被边缘化，但没有被法律明令禁止。在亚洲的民族国家，占卜的地位比较吊诡：现代主义者在理性和科学思维的社会构建潜力的基础上，压制占卜。但这些社会的占卜同时也是一种灵活腾挪寻找生存空间，同时在民间广受欢迎的制度。传统民俗借助"非遗""传统"等话语来强调自身的合理性，通过媒

[①] 刘祥光：《宋代日常生活中的卜算与鬼怪》，台湾政治大学出版社2013年版。

体技术而发展为文化产业,在上述诸多层次上,以下案例都与中国的术数有相似之处。

尼里达·库克指出,泰国占星术在20世纪80年代末受到各种批评:从宗教方面的正统性问题,到与佛教兼容性问题,到理性主义对系统可信度的质疑,再到怀疑这样一个信念系统在当代泰国的社会政治秩序中的角色。[1] 对泰国占星术的辩护"反映了军事、官僚、贵族和商业团体的观点,这些团体构成了进步派的主要反对力量"[2]。根据斯蒂芬妮·霍姆拉(Stephanie Homola)的说法,在台湾地区占卜被视为"迷信",这个社会性定义起源于20世纪初的中国现代主义革命。"现代主义话语的衰落与民主化进程和20世纪90年代本土化的发展解释了为什么占卜行为在20世纪90年代得到普及。"[3] 库克和霍姆拉解释了占卜在亚洲社会所遇到的境况,但只是简单地提到了社会上对占卜的批评,并简略提及从业者寻求合法性的努力,而笔者将重点详细描述术数从业者的行为,说明术数从业者自身如何在社会文化环境下积极地协商意义空间。

从马克思主义的立场出发,大卫·金提出一个问题,在市场资本主义的大背景下,朝鲜的萨满教和其他形式的占卜如何生产"真实"[4]。他把占卜定义为日常生活的一面镜子和一种将"欲望"本身作为愉悦支出形式的媒介。大卫·金认为,以金钱财富的形式去追求幸福,背后的真正力量是隐藏在命运的面具下的社会霸权,也就是新自由主义"魔法"。基于对希腊城市社会的驱魔与占卜的研究,塞拉麦泰科斯认为术数和相关身体的无意识姿态,[5] 印证了陶西格意义上的社会神经系统。[6] 在这里,占卜不仅重新校正了传统结构功能主义中的社会秩序,而且矫正了被不合理的现代结构所割裂的身体。作为一种治疗手段,占卜可以对抗媒体干扰和疏

---

[1] Nerida Cook, *Astrology in Thailand: The Future and The Recollection of The Past*, PhD dissertation, The Australian National University, 1989.

[2] Ibid., p.91.

[3] Stéphanie Homola, "Pursue Good Fortune and Avoid Calamity: The Practice and Status of Divination in Contemporary Taiwan", *Journal of Chinese Religions*, Vol. 41, No. 2, 2013, pp. 124–147.

[4] David Kim J., *Divining Capital: Spectral Returns and the Commodification of Fate in South Korea*, PhD dissertation, Columbia University, 2009.

[5] Seremetakis C. Nadia, "Divination, Media and the Networked Body of Modernity", *American Ethnologist*, Vol. 36, No. 2, 2009, pp. 337–350.

[6] Michael T. Taussig, *Mimesis and Alterity: A Particular History of the Senses*, New York: Routledge, 1993.

离，在社交生活中创造人际接触能力。上述在城市和工业化社会中进行的占卜研究，显然受到法兰克福学派社会批判理论的影响。在这一理论背景下的占卜研究，指向了从资本主义、消费主义发展而来的新自由主义和全球化进程对日常生活的不完整表达。阿多诺指出，对占星术的易感性（susceptibility）比占星术本身更值得关注。[①] 同样，本书分析术数的部分动机就在于它是中国社会的一个征候。术数涉及的诸多问题都有关联，例如宇宙观、道德、政治、经济以及政治社会背景之间的紧张关系。此外，即使术数在重新构建微观层次上的社会结构，[②] 其本身也是这个社会结构的一部分，需要不时地重新被再生产。

在复杂的现代社会中，对术数的观察应该超越术数行为的特定设定，要观察人们前后的变化，同时也要考虑到社会各界对术数的接纳与认可，怀疑与批评。其中，典型的客户、术数爱好者、中国哲学研究者、心理咨询师、地方政府管理者等是最相关的。通过考察各种各样的社会群体之后，本书也埋伏着另一种常见的研究思路：把术数看作大规模变革的折射。复杂的物质和社会过程能从术数活动、术数从业者、顾客和其他人的叙述中提炼出来，这其中交织着他们的情感、动机、非自愿行为和信息。术数具有双重潜力，既可以进行社会批判，也可以揭示社会中隐含的紧张关系。

二　中国文化里的命运观

术数的前提是对命运的信仰。命运是人类亘古追问的话题之一。在中国的精神表征和日常叙事中，命运尤为受到关注。我们可以说它暗示了生命的限制，古往今来无数人嗟叹"命途多舛"，也表达了生命的可能性，如各种改运的主张和实践所示。"命"不但是人们对世界的认知与总结，经常出现在电影和文学作品中，也以日常生活中的"媒介"身份出现。人们常把世态人情归因于命运，日常生活里常说的"财运不佳""官运亨

[①] Theodor W. Adorno, *The Stars Down to Earth and Other Essays on the Irrational in Culture*, Stephen Crook (ed.), London: Routledge, 1994, p. 114.

[②] Michael Winkelman, and Philip Peek, "Introduction", in *Divination and Healing: Potent Vision*, Michael Winkelman and Philip M. Peek (ed.), Tucson, AZ: University of Arizona Press, 2004, p. 7.

通""桃花运"都表征了人们对某个生活侧面的基本判定,这些判定背后又隐含着一系列的社会结构和文化理念。

在中国哲学和日常话语里占据中心地位的"命",英文中的"fate"或"destiny"都无法简单替代。汉字"命"意味着命令,意味着命运是最高权威给予的、必须服从的指令。斯塔福德概述了中国的三种理想类型的命运:①命运是由宇宙的机制决定的;②命运是由神、祖先或其他神灵的干预决定或塑造的;③命运是我们为自己创造的,尤其是通过与他人的互动。[①] 命运的精神和社会面向对术数从业者和顾客来说都不是陌生的。然而,中国术数的基本原理主要基于第一种解读。在这一思路中,命运可以作为一个逻辑数学问题来呈现。

关于命运的能动性和人对命运的操控性有许多流行的观点,包括被动宿命论、道德决定论(如因果报应,一种佛教影响的结果)、反宿命论。[②] 拉尔夫斯认为,对中国人来说,"命"并不一定意味着自由意志的消亡,仍有回旋的余地。[③] 民族志也证实,尽管人们对命和运有强烈的愿望,但在实践中,中国人并不是彻头彻尾地信命,他们同时认为财富是由努力工作和操纵人际关系所决定的。[④][⑤] 儒学传统的主流学说要求人们的行为符合"命",而且最大限度地发挥道德上的努力,并将任何超出控制的事情交给命运,即便它是随机而神秘的,超越了人类的道德推理和理性理解。

其他民族志研究证实,强有力的能动性的观点与决定论共存。弗里德曼揭示了风水中的社会竞争力和个人权利的伸张,[⑥] 而波特则提醒我们,

---

[①] Charles Stafford, "Misfortune and What Can be Done about It: A Taiwanese Case Study", *Social Analysis*, Vol. 56, No. 2, 2012, pp. 90-102.

[②] Wing-tsit Chan, *A Source Book in Chinese Philosophy*, Princeton, NJ: Princeton University Press, 1963.

[③] Lisa Raphals, "Languages of Fate: Semantic Fields in Chinese and Greek", in *The Magnitude of Ming: Command, Allotment, and Fate in Chinese Culture*, Christopher Lupke (ed.), Honolulu: University of Hawai'i Press, pp. 70-107.

[④] Jean E. DeBarnardi, *The Way that Lives in the Heart: Chinese Popular Religion and Spirit Mediums in Penang*, Stanford, CA: Stanford University Press, 2006.

[⑤] Ellen Oxfeld, *Blood, Sweat, and Mahjong: Family and Enterprise in an Overseas Chinese Community*, Ithaca, NY: Cornell University Press, 1993.

[⑥] Maurice Freedman, *The Study of Chinese Society*, Stanford, CA: Stanford University Press, 1979, pp. 208-211.

在风水中，对成功和失败的客观解释可以弥补社会差异上的缺陷。[1] 王铭铭关于中国幸福和自我实现的研究表明，中国东南部农村的人们将成功和失败归结为两个因素：能力和命运。这种双重解释，以及别的与幸福相关的地方社会、经济、仪式行为和概念，被王铭铭称为一种"社会本体论"[2]。白晋和斯塔福德在关于命和运的大众信仰的研究中，加入了社会网络和人的主体间性对社会本体论的操纵。[3][4]

上述本土哲学和世界观的解释源出于观察者常遇到的矛盾现象：一方面，中国人经常提到命运，就好像一个人的命运超出了自己的控制。另一方面，中国人也常常表现得勤奋十足、精力充沛，他们执着于努力带来的成功，相信有可能辨别和控制命运。[5] 总的来说，中国人勤奋的工作守则让数代观察者印象深刻。但是，即使是在宗教仪式上，中国的信徒也经常贿赂，或者与神协商，而不是完全奉献于神明。改革开放后的中国社会造就了数以百万计的严格自我管理、笃信竞争法则的人群，指导人们"成功""改变"的书籍经常性地占据畅销书排行榜的榜首。同时，不管是西方占星还是本土传统术数在每个阶层都拥有大量的受众。在这个个人能量与个性得到极大释放的时代，命运的观念依旧有很大的市场，命定观仍然有深厚的文化习性土壤，并得到当代社会结构的支撑。

涉及社会联系、自我表现和深层结构时，人类学家进一步探讨了宿命论与能动性之间的一体两面性。郝瑞将这种矛盾归因于对命运的实事求是的处理。[6] 此外，他从经济合理的角度解释了努力工作由以家庭为中心的经济目标所决定。[7] 哈特菲尔德探讨了"命运"作为自我表征的基本概

---

[1] Jack M. Potter, "Wind, Water, Bones and Souls: The Religious World of the Cantonese Peasant", *Journal of Oriental Studies*, Vol. Ⅲ, No. 1, 1970, pp. 139 – 153.

[2] 王铭铭：《村落视野中的文化与权力——闽台三村五论》，生活·读书·新知三联书店1997年版。

[3] Jean E. DeBarnardi, *The Way that Lives in the Heart: Chinese Popular Religion and Spirit Mediums in Penang*. Stanford, Calif: Stanford University Press, 2006.

[4] Charles Stafford, "Misfortune and What Can be Done about It: A Taiwanese Case Study", *Social Analysis*, Vol. 56, No. 2, 2012, pp. 90 – 102.

[5] Jack M. Potter, "Wind, Water, Bones and Souls: The Religious World of the Cantonese Peasant", *Journal of Oriental Studies*, Vol. Ⅲ, No. 1, 1970, pp. 139 – 153.

[6] Stevan Harrell, "The Concept of Fate in Chinese Folk Ideology", *Modern China*, Vol. 13, No. 1, 1987, pp. 90 – 109.

[7] Stevan Harrell, "Why Do the Chinese Work So Hard? Reflections on an Entrepreneurial Ethic", *Modern China*, Vol. 11, No. 2, 1985, pp. 203 – 226.

念，以及作为社会领域里对有效能动性的认可的重要性。① 桑高仁（Sangren）从中国人对命运和占卜的迷恋引出了人类存在的问题，如欲望（desire）如何在家庭和社区生活中生产和再生产过程中起到建构作用。②

在有关中国命运观念的编著中，鲁普克提醒我们，研究中国的命运观，应该分析术数从业者这一与命运打交道的专业团体。③ 笔者在研究中发现许多术数从业者喜欢谈论的命运观经常将"运"从"命"中脱离开来，从而保持了结构和能动性的"双轨制"。他们解释说，一个人可以通过自己的努力改变某一特定时期的"运"，但"命"是注定的，很难改变。"命"把一个人锁定在预先确定的等级地位，而"运"则激励行动者抓住机会，努力工作。"命"的总体框架与"运"的灵活性的组合是一个人的整体命运。一般而言，多数从业者都承认命运非凡的和决定性的力量，这也是他们安身立业的基本前提，同时他们也鼓励顾客改变行为、调理风水、购买转运物品、提高自我修养、改善社会关系和道德。对于在多大程度上开导顾客，因人而异，但可以肯定的是，许多术数从业者为了寻求利润，倾向于提供一些方法来增加好运或补救坏运，如风水、改名和请巫婆神汉介入的仪式。

在对命运的概念基础进行回顾之后，人们可能会想要进一步了解当代中国社会结构如何支撑起双轨的命运观——提供一种约束感和决定论的同时，仍然会推崇对个体的能动性和随机性的信仰。显然，更大的社会力量和文化规范影响着出于利己而寻求术数或超自然帮助的行为。奥贝赛克拉（Obeyesekere）对室建陀（Skanda）神祇的研究和刘新对风水信仰的研究与本书思路密切相关。④ 奥贝赛克拉将20世纪70年代末斯里兰卡人面临的社会经济挫折与室建陀的兴起联系在一起。因为大众教育、政治民主化和城市化的影响，世俗的成功，比如在体制内或专业领域谋得一份工作，成为理想的目标。虽然人们的抱负水平很高，但实现这些目标的可能性是

---

① Donald J. Hatfield, "Fate in the Narrativity and Experience of Selfhood: A Case from Taiwanese Chhiam Divination", *American Ethnologist*, Vol. 29, No. 4, 2002, pp. 857 – 877.

② Paul Sangren, "Fate, Agency, and the Economy of Desire in Chinese Ritual and Society", *Social Analysis*, Vol. 56, No. 2, 2012.

③ Christopher Lupke, ed., *The Magnitude of Ming: Command, Allotment, and Fate in Chinese Culture*, Honolulu: University of Hawai'i Press, 2005.

④ Gananath Obeyesekere, "Social Change and the Deities: Rise of the Kataragama Cult in Modern Sri Lanka", *Man*, Vol. 12, No. (3/4), 1977, pp. 377 – 396.

有限的。往往是封建主义的因素，如庇护制度，或大都市与农村之间发展的巨大滞后，限制了普通民众的流动性和生活繁荣。"当目标明确且要求很高，但是手段不明确时或存在问题时，行动者感到相当的焦虑和沮丧。"① 奥贝赛克拉认为，在心理上令人沮丧的情况下，一个人倾向于将自己置于一个依赖的位置，一个强大的权威人物可以代表他行事。室建陀特别受欢迎，因为这个神灵不受社会或道德规范的约束。室建陀在普遍的不确定性的情况下代表着崇拜自己的人，以一种专制的形象用尽办法达到理想目标。奥贝赛克拉的推论可以应用于许多发展中国家，包括当代中国社会，市场经济及相关体系建立后，培育了人们对功名利禄等现实目标的追求，也带来很多自我实现的机会，同时人们又受挫于各种制度性限制，取得成就的可能性是不可预测的，这种情况会引发人们诉诸超自然主义以达到他们想要的目标。

刘新注意到，20 世纪 90 年代，北海市的人把他们的商业成功归因于运气和风水等超自然力量。② 这是因为当地企业经常受到不可预测的影响，比如政策的不连续性和地方政府过度干预。这种商业环境在当时中国的大部分地区都很普遍，刘新把这种环境称为"断裂的结构"。为了重新获得秩序感，人们有必要相信一些超出自己控制的事情，比如运气，并寻求超自然力量的支持。

然而我们也应该看到，单凭干预的不规律性并不能解释超自然信仰对成功的重要性。为什么人们相信命运和运气，而不是把矛头指向过多不当的行政干预？为什么北海的公务员也会用风水问题解释除了商业成功外的其他现象，比如政府官员的突然死亡？此外，不规则性和不确定性并不局限在政商领域，在日常生活领域里弥散的"无常"之感，才能最大程度上解释人们的普遍行为。不确定性是否和既定论有了冲突，还是说不确定本身就是既定的？这些都需要进一步解释。

本书通过研究典型的术数服务的购买者，认为命运的限定与个人挣脱命运的努力和整体社会的时间观、何为好的生活等这种基本观念嵌套在一起。人有欲望而不得实现，会追问命运；当人没有明显意愿却被社会强行

---

① Gananath Obeyesekere, "Social Change and the Deities: Rise of the Kataragama Cult in Modern Sri Lanka", *Man*, Vol. 12, No. (3/4), 1977, p. 388.

② Xin Liu: *The Otherness of Self: A Genealogy of the Self in Contemporary China*, Ann Arbor, MI: The University of Michigan Press, 2002.

推着在固定的时间点去达成那一意愿,也会思索命运;人在面临风险时更是会揣摩命运。但什么样的欲望、意愿和风险是值得的,这是由社群本身的价值观所决定的。例如升官发财是否就是好命?是否就是个体应该选择的出路?所谓命运挫折源于个人没有在规定时间内完成社会的规定动作,而最终一个"好生活"的决定权有多少真正地掌握在个人手中?"正确的人生"是否就是好命?甚至在伦理型社会里,个体的命运由关系所编织而成,甚至个体本身也是被关系动态塑造着,是否存在那种自我裁决的"个人"?

三 研究角度

本书在概念理解和沟通上是去心理化的,注意到术数这一职业在现代社会中同时受到怀疑和欢迎,在这样的背景下,传统上对术数单纯从社会功能、心理效应方面进行解释是不够的,不能反映出术数本身所牵连起来的复杂现实。此外,从业者现在越来越多地与公众、媒体和国家接触。他们的现代社会行为需要剖析,比如经营一家公司、组织参加有关的会议、给俱乐部成员讲课等,这些新现象都亟待人们去认清边缘职业群体的建构过程中哪些是条件,哪些是阻碍,这些条件和阻碍又如何反照出主流社会的需要与管理缺失。

的确,在他们试图为术数和他们的职业争取接受度时,从业者突出了他们行为的积极意义。在术数从业者不无戏剧化的公开行为中,从外表衣着到职业价值,再到建制化努力,自我建构的努力普遍存在,这种自我建构的努力贯穿在公共领域的自我形象、与管理者的接触,以及与术数客户的沟通中。观察者可能将从业者的自我建构努力解读为对污名管理的信息控制。[①] 正如一些学者指出的那样,在建构视角下,"戏剧的视角超越了行为或表演的概念"[②]。但是,笔者把社会建构主义与术数从业者的主观性和反身性结合起来,指出他们对命理真诚的信仰和世界观中内在的精神沉淀和欲望也塑造了术数从业者的正当性话语。这种强调

---

① Erving Goffman, *Stigma: Notes on the Management of Spoiled Identity*, New York: Simon & Schuster, 1986.

② Philip Manning, *Erving Goffman and Modern Sociology*, Stanford, CA: Stanford University Press, 1992.

了行为者的批判能动性和创造能动性的分析方法，受到了法国新兴社会学派别"批判的实践社会学"的影响。在《论合法化》（On Justification）这本书中，波坦司基和斯夫瑙特叙述了社会生活中多个交织的"价值领域"①。公民、市场、灵感、名望、工业和家庭领域作为评价原则并存。人们经常参照这些原则自我辩护，支持或反对他人的观点。笔者在这里并没有直接将这一广泛适用的逻辑应用到术数从业者身上，而是采用了实践社会学所倡导的方法，"充分承认行为者阐释现象的批判能力以及采取行动的创造能力"②。批判行为不仅需要从相反角度审视权力关系，而且意味着在本体论层面上的重新安排。因此，行动者可称为"日常生活里的形而上学者"。术数从业者常常从抽象的角度为普通人阐释生活，又是典型的"日常生活里的形而上学者"。他们拥有一定的社会支持，但是缺乏法律制度方面的支持，面对这类困难与挑战，术数从业者需要思考如何采取措施，使他们的行为看起来合情合理，达成一个相对饱满、正当的职业自我形象。术数从业者寻求自我建构的行为不只是"发出他们的声音"，还涉及从社会领域以及更大的文化背景中寻求认同。术数从业者从民族主义、道德教义和现代专业主义中借用符号、修辞和逻辑，为复杂喧嚣的世界人为建构了一个理解角度。这种通过术数对意义和文化身份的执着追求同时也呼应了主流社会对传统的寻根复归等诸多深层社会动向。

四　田野调查与方法论

本书开始之前的一个夏季傍晚，笔者的一个亲戚找到我，拿出一张皱巴巴的纸。纸上是她记录的术数从业者算了我的生辰八字之后对我的描述。她略带尴尬地笑了笑，说算命先生对我的外貌、脸型、性格等描述很准确。我看着纸上的记录，并没有因为所谓"准"而感到吃惊，而是惊讶于像她这样受过良好教育的人竟然也这么看重术数。她不仅认真聆听算命先生的判断，还认真做了记录，甚至还把这张纸上的记录保存了很长时

---

① Luc Boltanski and Laurent Thévenot, *On Justification*: *Economies of Worth*, Princeton, Oxford: Princeton University Press, 2006.
② Luc Boltanski, *On Critique*: *A Sociology of Emancipation*, Cambridge: Polity, 2011, p. 43.

间。我后来发现家里有几个亲戚常常找人占卜，请灵媒治"虚病"。我始终认为亲戚不该花这么多钱找人占卜。后来，我发现不只是我的几个姑姑，许多不同工作收入、教育水平、社会地位的人都会找人占卜。所有这些经历让我确信我的项目十分重要，非常有必要做这样一项调查。

术数不是某地的特有现象，而是遍布世界各地华人社区的普遍现象。为了便于调查研究，我选择我的家乡 L 市作为调查地点。如前所述，术数曾被视为一种耻辱的职业，术数从业者因欺诈而臭名昭著。因此，术数从业者十分敏感，往往会抵触调查者的研究。因此为了便于接近专业术数从业者，我选择了我的家乡作为调研地点，因为那里有比较强大的社交网络。此外，术数在 L 市很流行。2011—2013 年我进行实地考察期间，L 市就有许多家术数从业者开的店铺。一个经常外地出差的术数从业者告诉我，别的城市对同类行为的监管比 L 市严格得多。为了了解术数在别的城市和 L 市的差异，我去了北京、河北、福建和马来西亚短期访问，收集了不同地区术数情况的数据。

L 市过去是贫困地区，直到 20 世纪 90 年代，商业蓬勃发展，才有了工业建设。L 市的显著特征是，私企是当地的主要收入来源。在我进行田野调查期间，L 市是地级市，10% 左右的居民是城镇人口。根据当地政府官方网站，城镇化将在 2011—2015 年全面推进。L 市居民对 L 市是贫困地区的刻板印象感到烦恼，L 市居民在向别人介绍自己的家乡时，偶尔要加上几句解释，意思是 L 市和 20 世纪 90 年代相比已经有了很大改善，想要摆脱自己是纯朴善良、贫穷落后的农民这一刻板印象。与许多中国城市一样，L 市也渴望展示自己的经济成就和发展优势。

在田野调查过程中，我逐渐结识了若干位当地专业术数从业者，他们收入水平不同，有男有女。我的研究关注的是城市里的全职专业术数从业者群体，他们利用基于文本的中国传统术数知识进行实践。我的研究不关注同样扮演术数从业者角色的灵媒、僧侣、道家和盲人术数从业者等群体。我主要研究城市的术数活动，以打破人们对术数主要流行于农村地区的刻板印象。20 世纪 90 年代，研究者宣称"中国城市居民十分抵触传统民间智慧"[1]。然而，我的田野调查显示，当今的城市居民也对传统术数

---

[1] Ole Bruun, "The Fengshui Resurgence in China: Conflicting Cosmologies between State and Peasantry", *The China Journal*, Vol. 36, 1996, p. 52.

感兴趣，并且在术数方面可以做出高额投入。

我经常拜访术数从业者，观察他们的生意。有些术数活动公开进行，别的顾客也在场。有些顾客不愿意让陌生人知道自己向术数从业者咨询的内容，认为这是他们的隐私。我从亲戚和熟人那里收集了一些客户的信息，还有一些数据来源于网上的匿名帖。这些人比较愿意说明自己和他人的私人问题。总的来说，我选择的术数顾客是我认为具有代表性的顾客。我收集的数据还包括行政人员、心理咨询师、新媒体作者和学者等人群对术数的观点。田野调查过程中，我买了一些书学习术数的基本常识，也向在田野调查工作中认识的术数从业者请教学习，这让我对中国传统术数的知识体系、宇宙观和逻辑链条有了基本认识。另外，为了了解人们对术数和术数活动的普遍态度，我查阅了中国科学技术协会的一系列全国性调查。"公众对未知现象的态度"项目于1996年、1998年、2002年先后在全国100个县（或同等行政区）开展。此调查为了避免有诱导性，在标题中故意采用"未知现象"这个中性词语，其所指的是当前社会上流传的、涉及人们精神领域的（不涉及宗教信仰）、无科学依据的一些超自然和超常现象，包括算命、占卜、巫术、看风水、求仙拜神等愚昧迷信活动及神功异能、伪气功、神秘现象和未解之谜等伪科学、反科学现象。项目调查者是中国科学技术协会地方分会的工作人员，所以政府工作人员的在场可能会影响受访者的回答。抽样方法包括分层整群抽样、多阶段抽样和比例抽样。所有调查均采用问卷调查结合结构式访谈法的方式进行。1996年和2002年的调查分别发放了5000份问卷，1998年发放了5500份问卷。1996年的问卷回收率为51.9%，1998年为72.2%，2002年为88.5%。三次调查的抽样规模要大于类似调查的抽样规模，每次都保留着有关术数实践和相关态度的问题，所以这几次调查是我重点参考的资料之一。①

欧茨在对中国气功治疗进行的田野调查中发现，被访者在初期的采访过程中被反复唤起的只是有关气、阴、阳等常见概念的刻板说辞。随着一

---

① 调查报告参见：中国科协管理科学研究中心研究部《中国公众对未知现象等有关问题的看法》，《中国科技论坛》1997年第4期；中国科协管理科学研究中心《第二次中国公众对未知现象等有关问题的看法调查报告（1998年）》，中国科技论坛，1999年第5期；中国科协《第三次"中国公众对未知现象等有关问题的看法的抽样调查"报告》，载中国科协促进自然科学与社会科学联盟专门委员会编《透视现代迷信》，科学出版社2005年版，第193—229页。

次又一次的采访递进，被访者才揭示了一个复杂的内心世界。[①] 类似的，在我的田野调查初期，一些术数从业者采用主流话语进行自我吹捧，对研究形成了一定的障碍。随着对术数了解的不断加深，我意识到术数从业者自我推销本身就有研究的可展开性。我不再困于术数从业者的自我吹捧，而是把这种行为看作术数从业者自我构建的一个重要研究切入口径。通过术数从业者的自我正名行为，我得以观察到边缘群体世界的公开形象与社会性意义，是如何攀附着主流话语而生发的。

五 本书的结构

第一章介绍了术数的社会文化、政治地位及相关历史背景，有助于理解术数在中华文明中的复杂而尴尬的地位。这一章描述了近代以来国家、知识分子、普通民众对术数的评价和态度。历史上，术数总是处于吊诡的地位，术数实践和知识体系广受欢迎同时也广受蔑视。然而，术数背后的宇宙观在近代才被彻底颠覆。

第二章介绍了术数的双重性，即术数既是知识体系，也是一种商业。本章强调了术数从业者在技术和个人信仰上的相似性，以及他们的内在特征和级别分层。从多种角度对术数从业者进行了分类，探索了术数从业者的身份认同和边缘职业群体的微妙心理。本章还概述了术数从业者的基本业务技术分类和其背后的宇宙观，即从知识上进行自我合理化的基本框架。在价值观上，术数概念与当代社会流行观念的契合，例如"好运"与"成功"，也是术数流行的一个重要基础条件。

第三章介绍了当代中国的典型客户群体，并举例说明了术数在日常生活中的应用。本章通过分析术数客户个例阐释了术数咨询的社会动机。很多术数咨询的真正结构性原因在于，新的经济社会条件所激发的个人抱负和愿望，被迫与关系型社会等社会要素相磨合。不确定性只是命运的表面特征，命运实质上受制于社会结构因素对能动性的限制。

第四章到第七章是本书的主体，内容围绕术数从业者在公开场合的主

[①] Thomas Ots, "The Silenced Body, The Expressive Leib: On the Dialectic of Mind and Life in Chinese Cathartic Healing", in *Embodiment and Experience: The Existential Ground of Culture and Self*, Thomas J. Csordas (ed.), Cambridge, New York: Cambridge University Press, 1994, pp. 116 – 138.

要活动展开。术数从业者进行自我建构的形式可分为四种：①提供道德建议，②将术数等同于"易经咨询""传统文化"，③类比心理咨询，④学术化、建制化。

第四章论述了术数不只关注个人利益和世俗成功，还有道德说教的维度。术数从业者的道德建议和引导以相对保守取向的价值观为重点，与佛教思想密切相关。道德话语不仅能够突出术数在社会中的实践用途，而且能够促进术数从社会意义上达成自我认可。

第五章追溯了术数从业者如何利用文化民族主义和传统价值对术数活动进行合理性辩护。术数从业者将术数活动和中国重要古籍《易经》相结合，视自己为"传统文化"的保护者、"中华民族智慧"的推动者。此举不仅提高了术数的社会地位，同时刻意迎合了主流意识形态，也为术数从业者创造了更多的利润可能性。

第六章叙述了术数从业者如何借用在中国发展迅速的心理咨询来建构自身的职业身份。本章探讨了各类人群对术数和心理咨询的评论反应。术数和心理咨询都还没有建立健全的制度，这可能是两种活动可以并置甚至彼此转换的原因。

第七章讨论了术数从业者在各种学术协会和会议上的公共活动，以及他们规避惩处的策略。作者解释了术数从业者如何模仿现代专家系统对术数活动进行职业化。术数从业者的专家系统是高度商业化的系统，借助协会会员身份和会议经验"购买声望"，获得象征资本。

术数从业者在日常术数活动中经常有意无意地采用这四种策略对术数进行合理化的辩护与自我形象的搭建。上述四种自我建构的形式内在联系、部分重叠：术数自身职业化和对心理咨询的模仿往往需要以伦理化、学术化、建制化为前提；术数从业者通过倡导道德、弘扬传统文化为自我辩护，试图说明术数的职业社会意义，以期获得和咨询类似的同等地位。术数从业者谋求合理化的四个面向并不是详尽无遗的，还有别的层面，例如在知识体系上不依赖神灵，而依靠推演、演算，从而是"理性"的方法。我要强调的是这四种代表性策略在当代术数中占主导地位，也涉及社会制度和其他社会部门的反应。此外贯穿于四个层面的论述中的，是对工具主义者的行动解释方法的补充，本书承认作为边缘群体，术数从业者自我构建带有很强烈的目的性，但这种自我构建并不仅仅是一种形象管理或关系营造，也是"内化的情感和使命"①。在表面的喧嚣中潜藏着边缘职业群体的信条和追求。总而言之，本书不仅客观地记录了当今中国的术数活动，还描述了术数这一古老的传统在当代的情境，同时反映了术数从业者对自己这种灰色空间的职业，如何开展辩护话语与合理化的努力，揭示了他们作为行为者的自我反思与建构能力，也折射出主流社会包括专家体系在内的一些运作逻辑，启发我们在当代对术数实践进行有效管控的过程中应该如何有效采取对策。

---

① Philip Smith, *Cultural Theory: An Introduction*, Malden, MA: Blackwell, 2011.

第一章

术数在中国的社会文化与政治地位

术数扎根于中国的宗教仪式和神话中，在至少三千年的社会、政治生活中牢固盘踞。这一传统从来都不是一成不变的，中国人对术数从未达成过一致看法。因此，术数的政治、社会、文化合法性一直以来都存在问题。本章从国家、知识阶层、普通民众等多个角度，阐述了古往今来术数在中国政治和社会文化中的地位。

一 近代以前的术数

中国最早的包括占星术在内的术数记录，与政治密切相关。[①] 在商朝，统治者是神权主义者，凭借能够与神沟通获得合法性。[②] 帝王依靠占卜结果在各种各样的问题上做出决定，同时统治阶级也会借用占卜、寻求占卜师的积极回应来催促决策或让做出的政策生效，以便达到政治目的。周朝取代商朝后，术数在这方面继续发挥着重要作用。术数专家包括卜筮专家、占星学家和历法学家，在朝廷都有官职。在商朝和早期的周朝，术数仍然是王室特权。到了春秋时期，随着周代制度解体，大量贵族和太卜、官师变为平民，原为西周王官之学的术数开始流落民间在普通百姓中

[①] David Pankenier, "Astrological Origins of Chinese Dynastic Ideology", *Vistas in Astronomy*, Vol. 39, No. 4, 1995, pp. 503–516.

[②] 中国术数体系的一个重要前提是周朝建立、后世普遍信仰的天命观。天被视为最高权威，决定统治者的统治和管理是否合适。上天对统治者或政权的不满往往表现为国家异常、自然灾害、叛乱等形式。皇权的合法性依赖于统治者能否正确解读上天给出的暗示并做出合理回应，以及能否妥善管理人间事务。这种信仰在汉朝作为政治宇宙哲学走向成熟，在朝廷官僚体制、国家崇拜和世俗仪式中得以制度化，相关仪式在后来被列入历朝年历中。

兴起传播。① 原先重点在为统治者辨吉凶、决嫌疑、定犹豫的术数，随着自身理论体系的日益丰满和上层精英的下沉，开始成为普通人也可以得到的服务，普通人也可以聘请专业人士为他们推导自己的禄妻子财。从这一时期开始，也涌现出了许多技艺超群的著名术数从业者，他们的生活和事迹可以在诸如《史记》这样的记录中找到。两汉时期的京房易改变了卜卦规则，提供了日后八字、风水的理论基础，节气定律也被测算出来，术数的学理日益丰满。魏晋南北朝时期五行体系继续系统化，丹道长生之学渐成体系，佛教开始影响中华文明，佛教、道教轮番被君主选择倚重。宋代禄命、风水名家辈出，明清时期术数典籍进一步大幅增加，从智识上滋养着庞大的职业群体。

西汉时期推崇天人感应、星象预言等的谶纬之说逐渐定型并广为流传，全面盛行于东汉时期。具有神学正宗的权威性，被尊为"秘经"，在统治者的积极提倡下，儒生争相趋从。谶纬给两汉社会政治带来深远影响，在学术上，儒家经典增加了神秘光环，儒家学说扩大了话语权，也为君主提供了政权合法性的理论武器。同时一些人用谶纬来制造夺取政权的舆论。王莽、刘秀、黄巾军起义等都曾借用谶纬来为自己受命夺天下、割据一方的合法性造势。由于叛军领袖使用天启预言以宣告天命已经改变，继而推翻当前政权，已经渐成常见路径，② 统治者试图禁止传播法定版本之外的占星术和政治预言（谶纬）。与上述行为相关的书籍和技术工具，可被谴责为"巫言"。例如汉明帝时，楚王刘英定罪"大逆不道"被迫自尽，其主要罪名就是结交方士，造作图谶。当朝统治者努力收编图谶"君命神授"的功能，建立了服务于中央集权的术数官职和机构，并严密监视打击其他以图谶从事政治活动的行为。对术数从业者而言，涉足谶纬干涉政治事务是充满风险的，因为"国家可能随时打击（他们）并谴责他们的异端邪说"③。

中国古代的知识分子，特别是有朝廷官职的知识分子，影响着整个社会秩序、主流意识形态和政策的制定。知识分子精英和朝廷都对术数持矛

---

① 李零：《中国方术考》，东方出版社2001年版。
② Elizabeth J. Perry, *Challenging the Mandate of Heaven: Social Protest and State Power in China*, Armonk, NY: M. E. Sharpe, 2002.
③ Ole Bruun, *Fengshui in China: Geomantic Divination Between State Orthodoxy and Popular Religion*, Copenhagen: Nias Press, 2003, p. 70.

盾态度。有知识分子拒绝术数并谴责术数是欺骗众人的行为，同时和朝廷一样担忧着异端邪说。正统的儒家传统作为古代教育正统对术数行为既不支持也不反对。儒学认为上天对人类有道德上的要求，也对人类命运有不可控的限制。儒家思想强调人通过修身养性创造价值。人生目标不应追求社会地位、财富等身外之物，应该关注提高自身修养。因此，君子不应关注个人命运，而应履行对上天道德要求的承诺。古往今来诸多仔细研究过《易经》的知识分子认为，关注此书的术数方面而非哲学方面是对此书的贬低。通常，官员们谴责术数从业者欺骗众人、自我吹捧，术数从业者无法满足儒家道德修养要求。然而，宋朝之后更多的无法进入科举体系的知识分子参与到专业术数活动中，或与术数从业者交游，并用孝道等理念为风水、术数进行了辩护。① 极具影响力的学者朱熹热衷于研究风水，② 认为风水是人表达意愿的外在方式，为表达自己的孝顺与关心才把过世的祖先埋葬在风水好的地方。

民间层次术数的信仰和实践广受欢迎；阴阳宅风水、算命等日常术数相关实践并不受严格监管。清朝朝廷官员显然认为风水具有极其强大的力量，认为将特定的预示厄运的物品、人物或标志符号放在家族坟墓中，会对敌人造成巨大伤害，③ 当时地方官员也经常会就城市规划问题咨询风水先生。

一些历史资料表明，术数是面向各色人群的普通服务。宋朝宰相王安石说宋朝有几万名术数从业者，还不包括都城汴梁的术数从业者——汴梁至少有一万术数从业者。④ 当时，宋朝都城汴梁的人口仅有 100 万左右，可见术数从业者占比很高。

印刷术的普及使术数进一步融入了中国大众文化。大众更加容易触及术数相关书籍。术数在诗歌、短篇小说、小说中是常见的主题。唐朝以来，家家户户都买了年历择选吉日做事。⑤ 因此，19 世纪新教传教士来到

---

① 刘祥光：《宋代日常生活中的卜算与鬼怪》，台湾政治大学出版社 2013 年版。
② 肖美丰：《朱熹风水堪舆说初探》，《齐鲁学刊》2010 年第 4 期。
③ Yi‐long Huang, "Court Divination and Christianity in the K'ang‐hsi Era", *Chinese Science*, Vol. 10, 1991, pp. 1‐20.
④ 王安石：《王安石全集》，吉林人民出版社 1996 年版。
⑤ 刘永明：《唐宋之际历日发展考论》，《甘肃社会科学》2003 年第 1 期。

中国时，中国人在日常生活中的术数踪影给他们留下了深刻的印象。[1][2]

在广大乡村，不能谋得官职成为职业术数从业者的知识分子为乡亲提供服务，有些还兼顾一些士绅阶层的职能，充当文士、意见领袖——因为很少有人识字，有文化的术数从业者享有一定的社会地位，这也能从风水"先生"这类称谓中看出来。我们也可以从中华帝国晚期发现这种态度，从那时起开始有一个"三教九流"的说法。这个说法有多个版本，各个版本都覆盖了广泛的社会职业等级，即三种宗教（儒教、道教、佛教）以及主要职业。职业根据社会地位分为三等，每等又分为九层。在一些常见版本中，第一等是官员，第二等包括术数从业者、医生、文士、职业棋手、乐师、书法家、画家、佛教僧侣、道家高人，第三等包括艺人、号手、魔术师、杂技表演者、理发师、强盗和毒品贩子。有文化的术数从业者也与医疗者密切相关，市井上谋生的药剂师和医生有时也在专业服务之外兼营术数。例如晚清时期，命理名人袁树珊祖祖辈辈从医，但他和父亲也写了大量关于术数技术和历史的文章。袁树珊为许多地位高的政治家和名人占卜推命，是当时广为人知的社会名流。

从《史记》记载的术数从业者司马季主的故事中，可以知道术数从业者的污名属性在西汉就已经形成。据载，贾谊和宋忠两位贤臣带着"吾闻古之圣人，不居朝廷，必在卜医之中"的想法，去市井探访术数从业者，听到该行业的司马季主谈天论地，仰慕非常，继而问司马季主"今何居之卑，何行之污？"这句话暗示了以术数为业，在中上层阶层看来，等于身居卑污。沦落文人才以术数为业，在后世也是普遍看法。

综上所述，在近代以前的中国社会少数人完全反对命相占卜等术数，"但是对大多数人来说，没有信不信占卜的问题，问题为了什么目的、使用什么占卜方式最有效"[3]。政府有时对术数持消极态度，颁布政策打击术数活动，尤其是他们认为术数威胁到当下权力所依赖的正统思想的时候。然而，尽管经常声称术数迷惑众人，古代朝廷仍然重视术数实践和与

---

[1] Justus Doolittle, *Social life of the Chinese* (Volume 2), Singapore: G. Brash, 1986, pp. 331–349.

[2] ［法］禄是道：《中国民间崇拜（第四卷）：命相占卜》，陈海燕译，上海科学技术文献出版社2014年版。

[3] John Kieschnick, *The Eminent Monk: Buddhist Ideals in Medieval Chinese Hagiography*, Honolulu: University of Hawai'i Press, 1997, p. 81.

占星学和历法学相关的知识。术数知识在皇家层面已经"融合成一门管理科学"①。有些儒家学者反对术数背后的宿命论,有些知识精英也把术数贬为愚民陋俗,知识阶层普遍认为以术数为业不是文人正当出路,但术数却经常是各个社会阶层里多数人生活中的必要组成部分。更重要的是,术数的宇宙观与为天命政治意识形态奠定基础的宇宙观同属一个体系,与中医、武术等其他方术共享阴阳五行这套本体论和知识论公理。术数的宇宙论、本体论和知识论体系直到19世纪晚期第一次现代化浪潮才被彻底全盘质疑。

二 现代化早期的术数:1880—1927年

19世纪末西方列强的军事、经济侵略让清朝政权受到威胁。这一时期也激起了中国人前所未有的意识形态上的反思。人们对建立现代化国家强烈关注,现代化国家建设的进步理念开始取代以前的"天命"作为政治合法性的衡量标准。

现代化进程开始后,引进的西方观念,如"宗教""科学"和"迷信",开始重塑精神、宗教、民间信仰和实践的认知领域。根据Goossaert和Palmer的总结,20世纪之交,与"科学"的兼容程度已经成为定义信仰为"宗教"或"迷信"的标准。"宗教"被视为支持西方民族国家的一种强大的道德凝聚力,为中国知识分子所接受。在中国社会背景下,与"宗教"相比,"迷信"的字面意思是"错误信念",成为落在世界宗教(儒家思想、基督教、伊斯兰教、佛教)等神学经文划定的范围之外的范畴,落在精神道德上的自我完善之外的存在。②

当时不管是激进反传统主义者还是保守主义者都认为,从传统的中国学术,到民间的实践和信仰,社会各方面都需要改变。最后一个封建王朝清朝在最后十年也发起了"风俗改革"。共和政府在1912年取代清政府之后很快建立了"社会改良会"。1919年五四运动期间,"反迷信"运动达到高潮,全盘否定正统儒学等中国传统文化。同时对迷信的批判将矛头

---

① Richard J Smith, *Fortune - tellers and Philosophers: Divination in Traditional Chinese Society*, Boulder: Westview Press, 1991, p.18.

② Vincent Goossaert and David A. Palmer, *The Religious Question in Modern China*, Chicago: University of Chicago Press, 2011, p.51.

指向非主流宗教信仰的民间信仰与实践，包括葬礼仪式、寺庙祭礼、风水术数活动。

三　国民党政府时期的术数：1927—1949 年

1927—1949 年，执政的中国国民政府对迷信发起了全面打击。1928 年，新立法禁止术数从业者和灵媒等与迷信相关的职业，主要的立法条款围绕废除术数、占星术、面相和手相、法术和风水展开。这项立法最初在当时的首都南京和上海实施，接着扩展到共和政府控制的其余地方，要求各省市警察局强迫术数从业者从事另外的职业，并公布迷信有害社会的观点。这项立法鼓励地方政府雇用以前的术数从业者，并为没有能力从事别的工作的术数从业者、残疾术数从业者提供慈善服务。术数相关材料也被禁止发售。此外，中央政府还发布了反迷信宣传，强调人通过自己的努力可以完全掌握命运。[1]

尽管国家鼓励地方政府雇用术数从业者，但仍有许多术数从业者找不到工作，并请求国家进一步提供援助。上海盲士公会要求得到作为共和政府公民的权利，通过引用民族主义者的"三民主义"，说明国家有义务帮助穷人、残疾人和盲人找到谋生方法。[2] 术数从业者试图引用官方修辞话语、建立新形式的民间组织，但这类为自己争取权利的活动以失败告终。政府拒绝了术数从业者专业化的要求，也拒绝为大量术数从业者找到替代工作。然而，政府在根除所谓社会顽疾方面的努力也以失败告终。术数咨询尽管遭到政府镇压却始终存在，并在全国范围内流行。

瑞贝卡·南多斯塔普（Rebecca Nedostup）发现，民国时期"有文化的术数从业者将术数与中国传统和历史相结合，作为对抗反迷信批判的武器"[3]。术数从业者把风水称为具有悠久历史的"中国国粹"。学者型的术数从业者开始挖掘术数的文化价值。例如，著名的占卜师袁树珊指出，就算皇帝也可以从术数学习中得到文化的教养。术数从业者也开始将负面焦

---

[1] Rebecca Nedostup, *Superstitious Regimes: Religion and The Politics of Chinese Modernity*, Cambridge, MA: Harvard University Asia Center, Distributed by Harvard University Press, 2009, pp. 205 – 208.

[2] Ibid., pp. 192 – 193.

[3] Ibid., p. 211.

点转移到灵媒等平行的群体,视其为可鄙的人,因为灵媒否认客户的能动性、减轻了客户的责任,而术数从业者鼓励客户多行好事、积极行动。①本书后文将要说明,在城市的术数从业者中间,这些修辞策略在当今社会依然很常见,并且后文将做更多的、深入知识体系推演模型中的详细论述。

中国共产党在1949年执政之前,就在根据地对术数从业者进行了监管。毛泽东指出了共产党控制地区存在的三大危害:迷信、文盲和卫生问题。② 1940年,自然科学研究会在陕甘宁革命根据地成立,专门整治迷信活动,把基本思想和习俗重新定向为"科学"和"进步"。③ 中国共产党开始宣传反迷信活动,并将反迷信的目标纳入学校、干部培训、成人扫盲的各级教育中。科普读物和健康意识有关出版物也推动了破除迷信的运动。

1949年中华人民共和国成立之前,针对看风水和祖先祭祀等流行做法,共产党政权采取教育感化为主的手段予以管理,而那些以迷信活动为职业的人则受到了更严厉的打击。"二流子"是失业者、鸦片吸食者、赌徒、小偷、妓女的贬义标签,也是术数、灵媒的标签。根据地官方指责这些群体对社会无用、形迹可疑、散布谣言、做尽各种坏事。这些群体也经常在公众集会上受到谴责和羞辱。④

四 中华人民共和国成立到改革开放之前的术数:1949—1979年

虽然新政权在推行反迷信制度的进程中面临诸多困难,但是共产主义国家在社会干预方面具备更高的能力、更大的决心。激进的政治运动试图对以前的社会结构进行彻底重组,并彻底摧毁传统的宇宙论。采用了马克思的历史理论之后,"迷信"改称"封建迷信"。封建指的是"地主和宗

---

① Rebecca Nedostup, *Superstitious Regimes: Religion and The Politics of Chinese Modernity*, Cambridge, MA: Harvard University Asia Center, Distributed by Harvard University Press, 2009, p.211.
② 胡乔木:《反迷信提纲》,《中共党史研究》1999年第5期,第1—4页。
③ 王海军:《陕甘宁边区自然科学运动历史考察》,《党的历史》2010年第5期,第71—76页。
④ 张可荣:《科学与迷信的正面交锋》,《长沙理工大学学报》1996年第2期,第82—87页。

教机构对民众进行心理操纵、经济剥削"①。"封建"的使用也暗示着社会主义做出的推动社会进步的承诺，与宗教在历史上的落后性构成反差。一些人认为，包括流行的宗教信仰和实践在内的所有宗教阻碍了社会进步，应该随着社会主义现代化的发展逐渐消失。

中华人民共和国成立后的十年间，国内的灵媒治疗等仪式和实践仍在继续。② 到了 20 世纪 50 年代末，反右运动和"大跃进"实施了更激进的政治纲领。修建坟墓、举行宗教仪式、举办相关宴席被谴责为浪费生产资料。1962—1964 年，"文化大革命"的前身社会主义教育运动兴起，力图恢复意识形态的纯洁性和革命热情。宗教、迷信和奢华的葬礼仪式不仅遭到谴责，也被定性为"反动"。在 1966 年开始的首批重大举措中，毛泽东下令破除"四旧"。一些术数从业者被要求承认故意欺骗民众，术数从业者住处的术数书籍和工具也被清理一空。③ 尽管受到压制，术数活动仍在秘密进行。例如 L 市的一些盲人术数从业者说，自己被征召到官方宣传队伍给村民演唱民歌，宣传转达党的指示。到了晚上，当地人就会来找他们，紧闭门窗偷偷算命。盲人术数从业者有时也会因为没有别的谋生方法而得到从宽处理。许多人还把旧书藏起来，以免在政治运动中遭到破坏。

五 1979 年以来的术数

20 世纪 80 年代和 90 年代，术数书籍重新出现在街头书店和卖书的流动三轮车里，术数从业者开始在市井和街头小巷中经营生意。术数市场重新回温。根据中国科协的三次全国调查，1996 年、1998 年和 2002 年，分别有 28.7%、35.5%、26.5% 的公众"在一定程度上相信算命"。2002 年的调查中表明自己有算命行为的应答者的比例是 40.0%；32.1% 的受访对象声称看过预测命运的书籍；七成的受访对象没有同意"坚决制止

---

① Vincent Goossaert and David A. Palmer, *The Religious Question in Modern China*, Chicago: University of Chicago Press, 2011, p. 148.

② Steve A. Smith, "Local Cadres Confront the Supernatural: The Politics of Holy Water (Shenshui) in the PRC, 1949–1966", *The China Quarterly*, Vol. 188, No. 1, 2006, pp. 999–1022.

③ Ole Bruun, *Fengshui in China: Geomantic Divination Between State Orthodoxy and Popular Religion*. Copenhagen: Nias Press, 2003, p. 101.

看风水"这个选项，态度比较宽松。①

多年的反迷信教育在很大程度上彻底改变了人们的观念，但并没有彻底阻挡旧观念、旧信仰、葬礼仪式、传统习俗在一些情景下重新活跃。一项社会学调查发现，77%的中国人相信报应。②城市中产阶级明显对精神资源有强烈的需求，并利用传统观念驾驭生活中的不确定性。许多这样的概念与命运有关，比如缘分、命运和报应。③然而，大家意识中的"迷信"概念已经根深蒂固，术数作为一种迷信，始终意味着耻辱。本书中，我的很多信息提供者都认为自己的行为是"迷信"，从而自始至终感到很害羞、尴尬。

术数在政治上的负面内涵，同术数在社会生活中的巨大需求，导致了公众行为在表现和理念方面都存在矛盾：虽然许多人接受术数，认为术数是无害的信仰实践，但术数在人的意识里始终带有"非理性"或"落后"的含义。虽然有的人不愿支持术数，有的人频繁参与术数，但是我在现场遇到的购买、寻找过术数服务的人都认为，术数结果可以很真实而且准确，但他们自己很难给出合理解释，他们认为自己是不得不信。

1997年后，术数等相关活动遭到打击的可能性降低了。1979年版的刑法规定，使用迷信进行欺诈和捏造谣言将被判有期徒刑、拘役或管制。1997年版的刑法规定，迷信只有在欺骗他人、导致死亡、强奸、骗人钱财的情况下才会受到惩罚。然而，虽然政策已经放宽，但是术数仍然缺乏合法性。改革开放后的很长一段时间里，中央政府都没有颁布直接针对命相占卜等术数实践的常规管理的指导方针。理论上，宗教只有在政府登记过、在宗教事务局的领导下才是合法的，才会被承认。2005年，"民间信仰和新宗教"成为国家宗教事务管理部门公认的行政管理范畴，但是没有出台明确的政策。省级政府可颁布法规对迷信活动加以控制，特别是控制迷信在公共场所和出版物中的传播。例如，《山东省公共场所治安管理办法》规定禁止"在公开场合进行算命相面等封建迷信活动"。又如2011年，中国西南部的B县发起了一场针对"封建迷信"的整治运动。当地

---

① 中国科协：《第三次"中国公众对未知现象等有关问题的看法的抽样调查"报告》，载中国科协促进自然科学与社会科学联盟专门委员会编《透视现代迷信》，科学出版社2005年版，第193—229页。

② Xinzhong Yao, "Religious Belief and Practice in Urban China 1995 – 2005", *Journal of Contemporary Religion*, Vol. 22, No. 2, 2007, pp. 69 – 85.

③ Lizhu Fan, "The Spiritual Search in Shenzhen Adopting and Adapting China's Common Spiritual Heritage", *Nova Religio*: *The Journal of Alternative and Emergent Religions*, Vol. 9, No. 2, 2005, pp. 50 – 61.

出台的官方文件概述了措施。将运动目的总结为：

> 将封建迷信的危害公之于众；
> 告诉人们不要相信迷信，不要传播迷信；
> 建立共产主义传统的新的科学信仰与实践；
> 严厉打击迷信犯罪，严惩迷信犯罪分子；
> 消除占卜等迷信活动的固定场所；
> 建立长期有效的行政管理制度。①

专项治理活动历时9个月，由当地文化、媒体、新闻出版部门牵头领导，市政管理、工商行政管理和公安分局等地方政府部门相互合作。根据文件中的规划，首先调查术数业务和流动术数从业者的处所，其次报告调查结果并提出相应建议。打击的主要方法是说服、教育、驱逐该地的术数从业者，并没收术数实践的工具。文件要求警察调查并惩罚犯欺诈罪和传播有毒信仰的术数从业者。

实践上，除非地方政府决定镇压迷信活动，否则虽然总是存在专项治理的可能性，但不是例行工作，所以不可预测，各地的实际执行力度时严时松。20世纪80年代，国家工商管理局颁布行政法令，限制打着"文化咨询"的幌子进行迷信活动。从20世纪90年代初期开始不定期地实行了严打政策，与迷信活动相关的大量书籍在市面上被清除。② 2013年和2014年，又出现了一波禁止和限制迷信的运动。曾经畅销的术数书籍变得越来越少。过去每年年初都会出版由术数从业者编制的年历，供读者查询来年命运，2014年开始禁止出版这些读物。在中国内地很受欢迎的香港术数从业者麦玲玲向香港媒体抱怨说，2014年她的出版代理无法申请到出版许可。麦玲玲的名字也从重印书籍的封面上抹去。③

一般而言，大多数术数从业者得到的主要惩罚是警告和政治教育，然

---

① B县文化广电新闻出版局：《打击封建迷信的通知》，文广新发〔2011〕14。
② Ole Bruun, "The Fengshui Resurgence in China: Conflicting Cosmologies between State and Peasantry", *The China Journal*, Vol. 36, 1996, pp. 47–65.
③ Apple Daily, "Mainland Publishers Forced out Hong Kong Almanac Catering to Xi Jinping", January 15, Accessed May 2, 2014. http://hk.apple.nextmedia.com/news/art/20140115/18593490, 2014.

后被逐出商业场所。除非造成了经济损失或妨碍了人身安全，很少有术数从业者受到刑法处罚。术数从业者在镇压结束后重新露面，因为缺乏维持持续行动的有效行政程序。北京雍和宫、白云观周边的街头术数活动一度备受公众关注，即使在严打之后也会重新露出水面，媒体报道也无法阻止这一地区的术数活动。有些术数从业者只是掩盖了术数招牌，继续从事术数活动。一名法律学者就针对无效管理在媒体上提出建议，建议政府向那些收费的术数从业者收取至少2000元的罚金，还呼吁民众认识到术数从业者是骗子这一观点，不应该把术数从业者看作无辜的人。①

由于客户不愿提供证据，警方很难把术数从业者当成骗子逮捕。客户要么因自己是受害者而感到尴尬，要么不认为术数从业者欺骗了自己。云南省省会昆明的另一个案例也说明了术数的顾客并不主动配合警方调查的情况。据当地报纸报道，当地警方逮捕了一个"封建迷信"犯罪团伙。②六位成员在城市边缘或偏远郊区进行诈骗。诈骗对象常常是单独行走的中老年妇女。该团伙一名成员首先与女子进行交谈，了解女子的个人信息。接着，另一成员现身并提出要为这个女子占卜。"术数从业者"声称，她家未来会遭难，鼓励受害者从他那里购买护身符以避免灾难。然而，只有一个案件中的受害者愿意作证。由于缺乏证据，警方办案受挫，借助媒体呼吁其他受害者站出来控告犯罪嫌疑人。术数实践有深厚的民间群众基础，模糊了黑白，让罪责推定陷入暧昧不明的境地。

术数从业者同妓女、小贩等其他无营业执照的非法工作者一样，与监管部门玩"躲猫猫"的游戏。严打期间，术数从业者就逃跑，暂停生意。严打结束后，术数从业者重新出现。然而，各级政府一直在进行各种各样的制度化的反迷信运动。出版物和媒体报道充斥利用受害者的非理性信仰欺骗受害者的故事。各级科学技术协会也会开展宣传工作，组织会议，批判占卜等迷信活动。

---

① 刘显刚:《算命一条街不是没法治理》，新京报网，2013年10月16日（http://www.bjnews.com.cn/opinion/2013/10/16/287574.html）。

② 李凌:《昆明警方抓获一迷信诈骗团伙，呼吁受害者指认疑犯》，昆明信息港，2010年9月13日，http://news.kunming.cn/km-news/content/2010-09/13/content_2285954.htm。

六 小结

近代以前的中国，虽然术数需求很大，但被国家和知识阶层边缘化了。国家利用术数知识取得"国家宇宙观和领土的合法性"[①]。现代化以来，术数缺乏合法性而遭到猛烈的抨击，包括术数在内的民间宗教和实践遭到最猛烈的打压，术数与科学、国家利益、民族复兴形成对立。基于进化论的观点，科学的热情兴起，民族主义情绪高涨，术数沦落为"落后"和"迷信"。近代以来现代化运动的兴起试图从根本上摧毁传统宇宙观。然而，术数需求从未消失过，术数市场证明弹性很大。在日常生活中使用术数服务，是各个阶层一直延续的行为。在近现代的科学进步主义思潮席卷之前，这套实践和信仰虽然经常受到诟病，术数职业群体也并非光彩职业，但术数的宇宙观、本体论和知识论基本没有受到大的冲击。新的"科学""反迷信"社会思潮与治理术才真正地把术数的基础捣毁。一个不相信阴阳五行理论的人，或许在术数的个别效果上会持不可知论，但在理念上是不会认可传统方术的。在现代化历史上，官方和主流社会均视术数为"迷信"，在任何时候都可以出台政策打击术数行为。因此，近现代术数的复兴和术数从业者的相应自我建构策略都是在不稳定的政治环境和反迷信的一致言论中形成的。这个基本的大环境下，边缘群体形成了自己的一种综合官能征：为自我正名，吹捧职业价值，消除自己职业的污名。这种倾向在靠口才谋生的行当里更为变本加厉，从业者会有普遍、强烈的程式化的话语反应和相应的涉及各类社会文化以及象征资本的实践，来应对一个并不那么友好的世界，求得自保和发展。

[①] Mayfair Yang, "Postcoloniality and Religiosity in Modern China", *Theory, Culture and Society*, Vol. 28, No. 2, 2011, pp. 3–44.

第二章

术数实践与术数从业者

本章围绕 L 市算命术数从业者的情况进行介绍。笔者首先介绍了常见的术数技术分类、术数的基本宇宙观以及奠基性的"好运""好命"观念。从业者的术数技术体系和信仰彼此基本类似,但是其经营方式、经营地点、学习术数的方式、社会地位及收入水平等各不相同。为了呈现这种多样性,作者选了三个社会地位和收入水平不同的术数从业者作为典型代表予以介绍。最后,作者借用"江湖"这个概念,从社会身份、个人身份和自我身份三个层面,对从业者的身份认同进行了分析。①

一 术数技术

术数的近似概念占卜(divination)在英语中的基本意义是"神启",而在汉语中则并非如此。中国历史文化中的术数可以与神灵无关,而与方术相关。方术用于预测未来、滋养和改善生活,主要分为两类:一是养生方法和艺术,包括中医、气功呼吸法、身体体操等;二是"数术",包括各式各样的占卜。② 术数实践中的"数字"暗示着对理性和运算的依赖,因此为命运占卜又称"算命"。换言之,中国术数具有比较强的推导计算的基础。

---

① 戈夫曼提出了三个身份层次的观点:社会身份指个人的社会类别和属性;个人身份指个人区别于他人的标志;自我身份指个人对自己的主观认识。参见 Erving Goffman, *Stigma*: *Notes on the Management of Spoiled Identity*, New York: Simon & Schuster, 1986。

② 有关中国古代占卜传统和术数文化在宗教中的地位,详见卡利诺夫斯基的著作。Marc Kalinowski, "Technical Traditions in Ancient China and Shushu Culture in Chinese Religion", in *Religion and Chinese Society*, John Lagerwey (ed.), Hong Kong: The Chinese University Press. 2004, pp. 223 – 249.

第二章　术数实践与术数从业者

在一篇文章中，芭芭拉·泰洛克（Barbara Tedlock）对全世界的占卜技术进行了分类：

> 征兆占卜，指利用飞鸟、十字路口的动物等迹象进行预测。图形占卜，如利用占卜棒（divine rod）或灵摆（pendulum dowsing），按照一定的规则对其生成的形状进行解读。符号术数，包括塔罗牌预言、周易预测、约鲁巴伊法占卜（Yoruba Ifa readings），还有手相和风水。在这类占卜里，一个人可以按照一套复杂的（经常是有文字的）解读体系尝试预测，诸如解牌、断卦、看手相、观察地理特征等。通灵占卜指通过与灵魂沟通得到问题的答案，萨满和祭司曾在世界各地长期进行这种实践。[1]

在中国，上述几类均存在，但本书研究的多数属于符号占卜范畴，并且占卜技术因时代和地域不同而不同。新石器时代，欧亚北部和北美普遍流行一种"灼骨占卜"的习俗，通过灼烧鹿、羊、牛等动物的肩胛骨得到裂纹对未来进行预测。中国古代也存在类似的术数"龟卜"[2]，在商周时期王室贵族的实践中得以确立。在萨满文化中，灼骨占卜有魔法的属性，直接利用自然过程进行预测，但是中国古代的龟卜更多地涉及了关联性思维和运算，从而发展成为一门带有推导演算性的古老技法。[3]

目前，在包括 L 市在内的中国北部地区，术数从业者很少只精通一种术数技术，至少精通三种到四种，有时还会交叉使用不同的技术进行预测。一般识字的占卜从业者可以但通常并不用以下两种常见占卜技术：通灵和寺庙抽签。通灵的实践者主要是生活在农村地区的女性灵媒，这些人虽然不了解上述占卜技术的具体内容，但号称可以通过神灵附体进行算命。寺庙抽签通过抽取签条的形式，来祈求神灵的回答，这些回答也就是签条上的字。抽签结果则由寺庙的人或求签者自己进行分析解释。有一定

---

[1] Barbara Tedlock: "Toward a Theory of Divinatory Practice", *Anthropology of Consciousness*, Vol. 17, No. 2, 2006, pp. 62 – 77, p. 65.

[2] 同时期另外一种常见占卜方式是筮：使用蓍草茎梗进行预测。

[3] Léon Vandermeersch, "Reflection on Correlative thinking in Chinese Thought", EACS XIXth Conference key note speech, 5 September, 2012, accessed 28 May, 2014, http：//www.univ‑paris‑diderot.fr/eacs‑easl/DocumentsFCK/Dedicated%20to%20Granet.pdf.

文化程度的从业者常用的术数技巧包括：

（1）"四柱"，根据人出生的年、月、日、时推测命运和性格。每柱两个字，故又称"八字"。

（2）"六爻"，通过抛硬币得到六次结果进行预测。六爻是中国最古老的典籍《易经》中记载的方法，故又称周易术数。

（3）"起名"和"择日"。人们通常认为，根据出生时间取个好名能带来好运，父母经常会从术数从业者给的名单中为新生儿选择名字。有些成年人也会改名，希望借此改善自己的运气。在日常生活中有些人倾向于根据黄历为结婚、葬礼、开业、搬家、出生等大事选择吉日。

（4）风水。调理风水使空间的能量达到平衡，确保生活在其中的人身体健康，好运相伴。风水调理并非只有咨询，而是改善生活的一种方式，尤为受到顾客欢迎。因此，风水可以是独立的业务，收费通常更高。风水师也可以精通算命、起名、择日多类典型的术数服务。

（5）相术。手相、骨相、面相最为普遍，各种文化程度的从业者经常提供这些服务。有些人认为，面相是最符合常理的，他们依据的是"相由心生"这类常识性逻辑。

改名和风水，普遍被视为能够改运，对于术数从业者来说也是有"高附加值"的收费项目。因此术数从业者经常在咨询后向顾客推荐这两种服务。此外，术数从业者也经常售卖一些据说能改善运气的吉祥饰品和护身符给顾客。

埃米莉·马丁在一篇文章里把中国占卜分为两类，人际（interpersonal）占卜和非人际（non-interpersonal）占卜。[①] 人际占卜需要人神沟通，依靠神灵知识，例如灵魂附体和求签问神。非人际术数要求与众生互动，例如风水和星占。上述常见术数中的多数属于非人际术数范畴，不过有些从业者可以同时运用两种方法，也会与其他类型的从业者合作。在L市，灵媒和术数从业者的合作在农村地区尤其普遍，如同医生和护士之间的分工。如果术数从业者"诊断"出顾客的厄运源于超自然力量，就可能会

---

① Emily Martin Ahern, *Chinese Ritual and Politics*, Cambridge, New York: Cambridge University Press, 1981, pp. 45-64.

建议顾客去寻求灵媒安排仪式进行"治疗",有些术数从业者也会自己安排和主持仪式。

术数和神秘主义常常与中国宗教的专业实践相融合。"在戒律层面,佛教向来主张禁止一切术数,就像道教早期把术数归入异端邪说的范畴一样。但是许多事实证明,情况并非如此。"① 有的道教和佛教神职人员时常也会提供术数和驱魔服务,但宗教机构通常不会支持这些行为。

久而久之,术数传遍了中国社会,并传入朝鲜、日本、越南等国家。例如,中国的四柱在朝鲜称为"萨究"(saju),显然是四柱的音译。中国的术数和相关宇宙观作为解读世界、对世界进行分类的启发式工具,已被纳入东亚各个社会的文化想象中。中国的术数也传到了西方国家,得到很多关注以及实践,以至于 fengshui(风水)一词在英语中已经近乎一个独立的单词。

传统上,术数从业者必须向经验丰富的师父学习术数技巧,长期接受师父的指点,投入多年进行学习。虽然术数行业有种种负面标签,近年来许多人在利益吸引下纷纷涌入这个行业——一个可以不需要很多投资就可能赚到钱的服务业。如今,初学者并不都是通过传统方式学习术数,他们可以参加各种各样的术数培训班,通过速成课程学习术数。爱好者也经常在网上聊天室和在线论坛交流术数学习经验。

二 套路行话

术数从业者与顾客交谈时经常说一些行话,诸如"己土正官夫星透干,流年比劫用神帮身"。这些套话、口诀等文本不仅象征专业性,也是术数推理的工具。许多术数推测的原理和公理通常以押韵的方式传授给学习者以便记忆。有些术语晦涩难懂,顾客不能完全理解。有些则相对容易理解和记忆,语言较形象生动,用本土文化中乐于接受的标准来阐述术数结果,例如说某人命有贵气,"既有捧印之格,又更能带官星入局,贵人与神煞相生,此乃贵不可言之造也"。这句话里充盈着捧、官、贵等,华

---

① Marc Kalinowski, "Technical Traditions in Ancient China and Shushu Culture in Chinese Religion", in *Religion and Chinese Society*, John Lagerwey (ed.), Hong Kong: The Chinese University Press, 2004, p. 237.

语世界常见"官贵文化",让顾客能感受到断语的积极性。

人们对职业术数从业者总体上有一个江湖术士的刻板印象。媒体经常报道从业者骗取大量钱财的话题。人们把故意欺骗称作"江湖"或"腥",根据术数的法则学理去做合理预测,叫作"尖",与"腥"相对。有句行话是"腥加尖,赛神仙",说明了术数技术与察言观色等非正式技术结合的必要性。术数从业者经营生意时会采用一些观察技巧和推销技巧。作为陌生人生活的解读者,从业者对顾客的情况做出猜测,同时观察顾客的肢体语言、年龄、穿着、时尚、发型、性别、宗教、种族、受教育程度、讲话方式、出生地等。术数从业者善于言辞,能快速捕捉顾客的反应,以判断预测的正误,对顾客所承认的联系进行强调和加强,迅速改变言之不当的猜测。从业者通常会根据顾客的性别、年龄、情绪和社会地位使用不同的语言策略。一个北京颇有名气的术数从业者小张曾坦白说:"我的预测40%基于综合分析,60%基于算命知识。"综合分析指从业者根据社会常识和经验做出最好的猜测。许多成功的术数从业者的"社会智商"让我印象深刻。社会智商"可宽泛定义为从事社会活动所需的知识、认知能力和情感敏感度(如同情心)"[1]。术数从业者社会经验丰富、口才好、富有洞察力,这些特质使其能够在与顾客的人际交往中做出恰当的回应。

在长期的实务中,从业者总结出很多揣摩引导顾客心理的"江湖套路"。在北京附近地区有很多术语来形容这些伎俩,例如圆粘子(招徕观众)、把簧(用眼睛看出人的底细)、迫响儿(留下想算卦的人)、推送点儿(把不想算卦的人说走)。台湾梁湘润曾总结在与顾客的谈话技术中有所谓九杠式:"牵、拢、扣、平、封、花、翻、保、冷。"[2] 而传统北京地区试图推断客户信息时有所谓江湖技法"十三簧"[3]。

   自来簧,就是你把自己的困境讲出来了,对方只要顺着你的来意讲就好了。

---

[1] Nancy E. Snow, *Virtue as Social Intelligence: An Empirically Grounded Theory*, New York: Routledge, 2010.
[2] 梁湘润:《地册:星相书简法卷》,台湾行卯出版社1995年版。
[3] 此版本来自 http://blog.udn.com/xdccudn/1158448。十三簧的全部具体内容,没有确论,论者多根据连阔如的《江湖丛谈》。

地理簧，每个地区有其独特的文化存在，江湖术士有专门研究区分差异性。

水火簧，水是穷的意思，火是富的意思，判断客户是穷人，还是有钱人。

比肩簧，诱导客户说出自身兄弟姐妹的情况。

乾坤簧，诱导客户说出自身父母的情况。

金木簧，诱导客户说出自身夫妻的情况。

把现簧，由人的脸上察看"喜怒忧思悲恐惧"。

要簧，套出客户的秘密。

触簧，冷话硬撞。

飞簧，用心听出弦外之音。

戳簧，先讲试探话语，猜对就自我哄抬，猜错就见风转舵。

抽撤盘簧，用一种圆滑的口吻，乍听很有理。

连阔如的《江湖丛谈》中介绍了通过籍贯来揣测来客职业背景的"地理簧"：

> 相面的先生问某甲是哪县人，那不是问哪县的人，是要"地理簧"哪。什么叫地理簧呢？我先向读者诸君解释明白。我中国的地方很大，在早年清初的时代，是南七北六十三省，到了清末的时候有二十二省之多，四万万人民，都有一定的职业。可是一县有一县的特殊职业。譬如山东章丘的人，在家乡是种地务农啦，若是出门做事，有两个途径，他们的同乡在我国各省市、各商埠码头绸缎行做事的人很多，十有八九在祥字号做事。他们章丘县的人若在二十岁里外出门做事，都找他们的乡亲，同乡就能把他们荐在绸缎店里（做）学徒。到如今祥字号的买卖外县人是很少的，都是他们本乡本土的人了。章丘人如若不愿奔绸缎行，还有一条途径就是打铁，当铁匠的人吃的道远道宽，就数着章丘人了。可是也有不奔那两条路的，干别的行儿虽有，亦是百里有一。相面的先生若能明白章丘县这种情形，就是他懂章丘县的地理簧儿。
>
> 设若章丘人找相面先生谈谈相，相面先生只要一问他们，你是哪里人呢？他说出章丘县三个字来，就能知道他做什么事，穿的衣服干

净利落，就是绸缎行的；穿的衣服不干净，就是打铁的。相面先生不用按着相貌上的五官看，就以他是哪里的人接着地理簧的情形，就能知道他是哪行的人，做的什么事。如若告诉他，我看你的相貌应当入商界，他准能佩服相面先生是有功夫的。这种地理簧是江湖金点十三簧里第一簧啊！我详细地解释这县的地理簧，阅者诸君便能了然个中的意义，其余各地勿庸如此絮烦，简单地谈谈，阅者便能尽知其详。各地出产是一个地方一样，人做事亦是各有一行。①

再比如快速判断人贫富的"水火簧"，在特定的社会文化背景下，从业者根据丰富的阅历做出的判断可以八九不离十。例如在连阔如先生年轻的民国时期，根据来客男宾和媳妇的差距就能推断出家境。如果来客媳妇比他大三岁，则说明这人从小家境好。有钱人家怕丁口不多无人继承家财，往往在男孩很小，十三四岁就婚配，同时这个媳妇要比丈夫大个三四岁，做饭女红，伺候公婆才样样能成。有钱人家早娶儿媳妇有两个好处，早抱孙子，又有人料理家务。所以来客媳妇比自己大三岁，说明小时候是抱着金砖长大的。如果来客穿着阔绰说自己三十七八岁，而夫人只有十九岁，就说明这人早年家境不好，他父母没有能力娶儿媳，直到自己学好了能耐，挣钱养家才娶上媳妇。②

民间流传下来的经验手册总结出从业者与顾客对垒时可以采纳的话语战术，供从业者学习借鉴。例如有《英耀赋》这样介绍如何察言观色的，有《军马篇》这样提供了现成的套话供使用者现场调用的。类似十三簧，《英耀赋》里的一段话介绍了如何凭借传统农业社会里当事人的身份以及所问之事来推断其背景：

> 老人问子，虽多亦寡，忧愁可断。少年问子，虽有亦女当即可分清。早娶妻之人，父业可卜。迟立室者，祖业凋零。当家早，父非懒则丧。当家迟，父富命延长。少女问亲娘，有病在牙床。老父问娇儿，定必子孙稀。

---

① 连阔如：《江湖丛谈》，中华书局2012年版，第41—42页。
② 同上书，第48—49页。

在有了基本判定后，从业者即可调取套话，用双关比喻来为背运者开释，如《军马篇》里的"富贵草头露，繁华瓦上霜"，可颂扬好运者"东成西就般般合，内作外为事事亨"，可委婉地预测坏消息"萱花先谢，椿树长年"（指丧母）。这样说话不是大白话，有一定的语言修辞，给出的咨询结果显得专业而成型，但又不至于枯燥冷僻，稍加解释甚至不加解释，当事人就听得懂。

另外还有一些更巧妙的语言把戏来为自己的判断圆场，比如永远都不会出错的断语，圆滑巧妙地让自己的话能进能退。这类技巧里有一种比较初级的，根据连阔如先生的介绍，北京地区江湖黑话称为"连环朵"的。比如来客让相面者判断自己是否婚配，相面者可以在纸张上写出一句"鳏居不能有妻"，再问顾客自己是否写对。顾客如果说我有媳妇，相面就用手指指着自己写的字念道："鳏居不能，你是不能鳏居的。有妻，你是有媳妇的。"顾客就会相信相法准确。如果顾客说自己没有媳妇。相面者就会改口指着字说："你这人是鳏居，我早就看出来不能有妻。"所以这六个字句读不同，可以解读为完全相反的结果。连阔如先生提示说"连环朵"只适用于蒙哄知识简单的人，后来社会整体认知水平进步这种伎俩就淘汰了。[①]

还有一些话语技巧则是为了达到在和来宾的互动中保持好感与信任的目的。梁湘润建议从业者，发言每句杂以利害，则人愿意相信；先其所爱，微兴之期，主宾双方情投意合。有些顾客可能对术数从业者心存疑虑介怀，并不愿意和盘托出实情。而如果不理解来客心意，揣摩对方不到位则占卜必然就不能准确。有手册给了很多因势利导的建议，例如对于因为过失而即将卸职的官员，说"你根本不适合做官"，对投机失败者，说"你完全不适合偏财，你乃三起三落之企业人才……"目的是让占算者的话准确但不过于夸张，不准确而对方也不至于太生气，做到收放自如的上乘境界。在时间把握上也有技巧，论命以二十分钟为合宜，尽可能粗略，最忌让顾客久坐不去。[②]

此外，在装神弄鬼、拆白、设套等江湖骗术中，也有诸多术数从业者的身影。有专门的所谓秘籍如《阿宝篇》来传授如何引人下套，做局诈

---

① 连阔如：《江湖丛谈》，中华书局2012年版，第44—45页。
② 《王夫子命学攻略》，载梁湘润《术略本纪》，台湾行卯出版社2009年版，第94—103页。

骗。从察言观色到话术、从套路伎俩到犯罪诈骗，江湖属性会一直伴随着术数从业者的自我认知和社会评断，会让从业者因背负着江湖标签而心理越发敏感。一些人在表达上会强调自己的洁身自好，以技术占算结果为准绝不坑骗，或者大吹大擂地自我吹嘘，实际昧着良心挣钱，掩耳盗铃者亦大有人在。所以如何处理强烈的"江湖"属性，树立行业伦理或规范性，是一些从业者在自我建构时自觉处理的问题。

三　术数的宇宙观

许多人虽然不信算命术数，但却相信术数背后的宇宙观，相信冥冥之中命运自有奥秘。瞿海源对神秘主义和台湾社会的长期调查也证明了这一点。[1] 70%左右的受访者相信气和魂的存在，相信缘分。宇宙观对术数实践至关重要，柯恩·斯特罗肯（Koen Stroeken）就指出，"占卜的特殊性在于其独特的宇宙观，强调既定情况的不可协商性，或事件的非象征性或真实性"[2]。世界上许多占卜类型都强调了权威，权威的来源是超自然存在（如神灵），占卜从业者则是传递者的角色。中国的某些术数类型也涉及超自然现象，不过，大多数术数实践并不以神灵为依托，而是源于一种整体的、自然主义的世界观，认为一切皆源自天意。

中国本土自然观基于一个复杂的分类体系，建立在丰富的数字系统之上：阴阳、两仪、四象、五行、八卦、十二地支等。这一系统渗透在文化的方方面面，常见于许多类型的实践知识中。这一整体世界观发展出了一种思维方式，将时空巧合阐释为比纯粹偶然更有意义的东西。李约瑟（Joseph Neeham）把这种思维方式称为"关联性思维"[3]，同一结构中的概念不是隶属关系，而是并列关系，不同结构之间通过神秘的共鸣互相影响。[4] 李约瑟认为，中国的关联性思维描述了一个精确有序的宇宙。宇宙

---

[1] 瞿海源：《术数流行与社会变迁》，《台湾社会学刊》1999年第10期，总第22卷，第1—45页。

[2] Koen Stroeken, "In Search of the Real: The Healing Contigency of Sukuma Divination", in *Divination and Healing: Potent Vision*, Michael Winkelman and Philip M. Peek (ed.), Tucson, AZ: University of Arizona Press, 2004, p. 53.

[3] 也有学者用"相关思维"或"联想思维"等术语。

[4] Joseph Needham, *Science and Civilisation in China: Volume 2, History of Scientific Thought*, Cambridge, UK: Cambridge University Press, 1956, pp. 280–281.

中的"秩序不是由一个最高创造者、立法者制定,也不是因两球体相撞中一个球体的运动引发了另一个球体运动这样的物理原因,而是一种没有统治者存在的一切意志的和谐。就像是在跳舞,舞者的动作不受规则约束,不受他人影响,舞蹈动作是自发、有序、有规律可循的和谐的舞步。"① 荣格利用"共时性"的概念描述了中国周易预测的特征。共时性指画面、事件和概念集群通过有意的安排而非物理因果关系产生关联。②

涂尔干(Durkheim)和莫斯(Mauss)发现,关联性思维构成了中国术数技术的必要基础。③ 甚至可以说,"阴阳五行"就是这套宇宙观和背后的关联性思维的一个常用标签。"和谐"的文化逻辑也属于关联性思维——个人和宇宙的融洽产生和谐,和谐是带来好运、财富、幸福的基本条件。人们认为,人体身心和谐对健康至关重要,社会关系和谐与幸福息息相关。李亦园认为,身体、社会和自然三个层面的和谐,将士绅阶级的大传统和普通民众的小传统两者联系了起来,构成中国人许多实践活动的基础。④ 李亦园对在台湾算命和治疗的灵媒"童乩"(dangki)做了实证研究,发现童乩对命运的阐释源于中国的整体观和关联性。他们认为宇宙是一个整体,人是宇宙不可分割的一部分。童乩把顾客的问题归为适应宇宙和复杂社会关系的问题,找出顾客问题产生的来源,但把解决问题的方法留给顾客自己思考。⑤ 由此可见,关联性思维为中国人的宿命论和日常生活中的、民俗的"形而上学"奠定了基础。

自然世界、人类世界、超自然世界之间的关联,以及中国本土的分类体系和数字推理,使命运和命运的解读建基于完整的思想基础之上。在这一高度象征化、复杂的思想体系中,术数意味着对自然符号的学习以及运用公式

---

① Joseph Needham, *Science and Civilisation in China*: Volume 2, *History of Scientific Thought*, Cambridge, UK: Cambridge University Press, 1956, pp. 286 – 287.

② Carl G. Jung, "Foreword", *The I Ching or Book of Changes* Richard Wilhelm, Cary F. Baynes (Trans.), Princeton, NJ: Princeton University Press, 1967.

③ Émile Durkheim and Marcel Mauss, *Primitive Classification*, Chicago, IL: University of Chicago Press, 1963.

④ Li Yiyuan, "The Traditional Chinese View of the Cosmos and the Practice of Daily Life", in *Streetlife China*, ed. Michael R. Dutton, Cambridge, New York: Cambridge University Press, 1998, pp. 31 – 39.

⑤ Li Yih - yuan, "Shamanism in Taiwan: An Anthropological Inquiry", in *Culture - bound Syndromes, Ethnopsychiatry, and Alternate Therapies*, William P. Lebra (ed.), Honolulu: University Press of Hawaii, 1976, pp. 179 – 188.

原理进行逻辑推理和观察。换言之，术数试图通过自然符号本身、自然形态或周期形成的符号（如地形、事件发生时间、卦象）了解天意。

四　术数中的"好运"

"好运气"和"好命"在术数实践和术数文本中的定义，不仅反映了某些个人欲望，也构成了格尔茨所说的"世界观"，即有关秩序、自我和社会的综合概念。①"好运"的体现形式包括荣誉、名声、财富、荣耀、健康、子嗣、长寿等。对于多数普通人而言，尤其是农村地区居民，财富、幸福、长寿和子嗣是美好幸福生活的决定性因素。② 传统上，中国人指的好运和"富""贵"紧密相关，一个人拥有好运，被称为有"富贵命"。普通人很难获得高级职位，因此"有钱"普遍成为人们首要的奋斗目标。官员在过去主要由知识分子担任，因此术数从业者往往为受教育程度高的顾客首先考量的是，他们获得名誉和政治学术地位的机会，而不是金钱。至今，即便科举制度已经解体百年以上，术数从业者仍旧把受教育程度高的人视为"贵格"。一项全国性调查显示，50%的受访者认为官员是最容易获得高收入的群体，而28.8%的受访者认为受过良好教育的人是最容易获得高收入的群体。③ 这些数据表明，在我们的社会制度以及人们的认知里，权力、文化和成功之间存在着密切的联系。

表4.1是一位术数从业者在博客上发布的2012年命理评价标准，④ 显示了当代术数实践对何为"好生活"的层级化定义。

---

　　① Clifford Geertz, *The Interpretation of Cultures*：*Selected Essays*. New York：Basic Books, 1973, p. 127.
　　② 有关中国人期待的生活质量标准的讨论，参见 Basil M. Alexeiev, *The Chinese Gods of Wealth*. Singapore：Graham Brash, 1990. Ole Bruun, "The Fengshui Resurgence in China：Conflicting Cosmologies between State and Peasantry", *The China Journal*, Vol. 36, 1996, p. 59. Jean E. DeBernardi, *The Way That Lives in the Heart*：*Chinese Popular Religion and Spirit Mediums in Penang*, Malaysia. Stanford, CA：Stanford University Press, 2006, pp. 57 – 58.
　　③ 李培林：《社会冲突与阶级意识：当代中国社会矛盾研究》，《社会》2005年第1期。
　　④ 发布人不知为何后来删了这篇文章，但这篇文章被很多以占卜为主题的博客和网络论坛转载和讨论。

表 4.1　　　　　　　　2012 年命理评价标准①

单位：独立家庭（夫妻加上不超过 35 周岁的未婚子女）

		家庭年净资产 （F）（万元）	家庭年净收入 （F）（万元）
经济 标准	小富	F > 1000	F > 80
	中产	1000 > F > 500	80 > F > 40
	小康	500 > F > 200	40 > F > 16
	工薪	200 > F > 50	16 > F > 4
	贫困	F < 50	F < 4
权力 标准	家庭成员行政级别/企业级别	小贵	厅级干部/厅级企业总部高管
		近贵	处级干部/厅级企业总部部门级
		小权	科级干部/厅级企业总部科室级
			科员/厅级企业总部员工
			办事员/见习员
文化 标准	家庭成员学术标准	大知识分子	教授兼博士生导师，长江学者等
		知识分子	教授、副教授、研究员、副研究员
		小知识分子	讲师、工程师、经济师
			助教、助理工程师
			见习员

表 4.1 按照经济、权力和文化三个标准对人进行分类，三个标准并行。例如，政府领导可能同时也是大学教授，或是百万富翁。个人生活水平取决于家庭成员在权力、经济和文化方面的地位。值得注意的是，此处评估的是家庭而非个人的社会地位，表明了个人幸福与家庭息息相关。例如，如果一个家庭里的父亲社会地位高，那么他的妻子和儿子也会从中受益，生活质量也会因此得到改善。

表 4.1 也表明，中国术数对"好运"的评价标准与外界因素和相对性社会地位的相关性强。这与当代西方社会和源于西方的当代心理学实践

---

① 表 4.1 来自占卜者"玄学通"的博客，网址是 http://blog.sina.com.cn/s/blog_6fa8e32c01011izg.html，2014 年 6 月 28 日访问。笔者重点标记了一些词。原来三列水平放置，为了方便排版，笔者将其垂直排列。

对幸福的评价不同。内里达·库克在关于泰国占星术的研究中指出,"西方求占者在实际生活中重新肯定自我,获得心理激励,而泰国求占者通过某一个方面的增强、获取成就,获得安慰和肯定自我"[1]。社会心理学研究发现,高度个体化的社会鼓励人们寻找内心世界的满足,独立思考自己的人生。与之相反,在包括中国在内的许多亚洲国家,人们倾向于接受外界对自己的评价。[2][3]

2002年的一项全国调查显示,经常花钱购买术数服务的人往往向术数从业者咨询财富问题。[4] 许多术数从业者告诉我,在过去的十年里,人们的经济担忧急剧增加。[5] 在术数实践中,经济咨询占比很高,这与幸福的物化有关。研究表明,当今中国的金钱获得感对于主观幸福感的影响超过了政治权力。[6] "与之相似,幸福不断被物化,生活满意度很大程度上取决于经济满意度,这也许是每个国家从计划经济走向市场经济的必经之路。"[7]

社会学统计也显示,在当代中国社会,相对性的经济地位与好运和生活质量的概念紧密相关。许多社会指标表明,改革开放以来中国人民生活水平迅速提高,农村贫困人口所占比重从1978年的80%下降到2000年的13%[8]。中国城市人均收入十年翻了两番。[9] 然而,人们对生活满意度的

---

[1] Nerida Cook, *Astrology in Thailand: The Future and The Recollection of The Past*, PhD dissertation, The Australian National University, 1989.

[2] Ed Diener and Marissa Diener, "Cross-cultural Correlates of Life Satisfaction and Self-esteem", *Journal of Personality and Social Psychology*, Vol. 68, No. 4, 1995, pp. 653–663.

[3] Virginia S. Kwan, "Pancultural Explanations for Life Satisfaction: Adding Relationship Harmony to Self-esteem", *Journal of Personality and Social Psychology*, Vol. 73, No. 5, 1997, pp. 1038–1051.

[4] 中国科协:《第三次中国公众对未知现象等有关问题的看法的抽样调查报告》,中国数字科技馆.com/c/showmedium.jsp? id =51579。

[5] 一个类似的例子是,推崇一切模式的财富积累的鬼魂崇拜的兴起,伴随着企业资本主义的快速发展以及台湾生产性投资机会缺乏的担忧。参见 Robert Weller, *Resistance, Chaos, and Control in China: Taiping Rebels, Taiwanese Ghosts, and Tiananmen*, Seattle, WA: University of Washington Press, 1994。

[6] Hilke Brockmann Jan Delhey, Christian Welzel, and Hao Yuan, "The China Puzzle: Falling Happiness in a Rising Economy", *Journal of Happiness Studies*, Vol. 10, No. 4, 2009, p. 398.

[7] Ibid., p. 389.

[8] Martin Ravallion and Shaohua Chen, "China's (Uneven) Progress against Poverty", *Journal of Development Economics*, Vol. 82, No. 1, 2007, pp. 1–42.

[9] 国家统计局:《中国统计年鉴2000》,中国统计出版社2001年版。

自我评定即主观幸福感，在中国城乡各个收入群体中都明显下降。[1][2] 有研究显示，"自称很幸福的中国人所占比例从1990年的28%下降到2000年的12%。如果把幸福度从1（低）到10（高）进行排序，人们的平均生活满意度从7.3下降到了6.5"[3]。有学者认为这种现象部分可能是由收入不平等所致。尽管绝对收入有所增长，但许多人发现自己的相对地位却下降了。[4] 随着大多数人的相对地位不断下降，人们的经济满意度随之下降，普遍幸福感也随之降低。

因此，术数中的好运与当代社会的物质成功和社会地位有明显的对应关系。如果术数确实能够呼应人们对物质成功和社会地位的欲望，那么就能建立自身的市场需求。

五 街头、店铺与公司术数

尽管当下L市最常见的术数从业者是中老年男性，但其实术数从业者在性别、年龄、受教育程度、经营形式、培训背景、收入水平和社会地位等方面，都是多元的群体。为体现术数从业者群体的多样性，下文将介绍三位术数从业者，他们的经营形式分别是街头摊位、店铺经营和公司雇佣。

笔者在L市一个春天的下午，看见一个年老的术数从业者坐在人行道旁，一些路人围在旁边看他给人术数。我停了下来加入围观人群。主角是个又瘦又黑的老先生，脚边放着一个包。顾客是一个穿戴整齐的女孩，年龄在20—25岁，她弯腰仔细倾听老先生的话。老先生讲话很慢，有时会喃喃自语，像在做复杂的运算。一堆彩纸是他的笔记本，在上面画着数字和符号。当时谈话似乎接近结束了。"接下来的半年，你的幸运方向是家乡的东南方。记着，10月份你可能会遇到贵人。"女孩似乎对术数从业者的预测并不满意，问道："就是这些？能再多告诉我一些吗？"

---

[1] Chack K. Wong, Ka Y. Wong, and Bong H. Mok, "Subjective Well‐Being, Societal Condition and Social Policy: The Case Study of a Rich Chinese Society", *Social Indicators Research*, Vol. 78, No. 3, 2006, pp. 405–428.

[2] Hilke Brockmann Jan Delhey, Christian Welzel, and Hao Yuan, "The China Puzzle: Falling Happiness in a Rising Economy", *Journal of Happiness Studies*, Vol. 10, No. 4, 2009, pp. 387–405.

[3] Ibid., p. 388.

[4] Ibid., p. 389.

"我算的时候一直问你有没有什么问题，可你一声不吭。"

"我知道，但是我觉得你说得太模糊了，能不能说得再具体一些。"

"那你就该在我算的时候问！"

"好……多少钱？"

"20块。"

"我只有10块。"

"20，不讲价。"

"10块吧，我只有10块。"女孩在包里到处翻。

"哈！我敢肯定你有20块，我刚在你包里看到了。"

"10块行吗？"女孩坚持说。

"要么给20块，要么一分也别给。"术数从业者的话让女孩无话可说。

"别，别这样。"女孩感到很尴尬。她犹豫着拿出一张10元钞票，放在术数从业者的笔记本上，起身准备离开。术数从业者站了起来，把那张10元钞票扔进了女孩的自行车筐里，大声说："要么20，要么一分也别给！"那张十元钞票给漫长的讲价过程增添了戏剧化元素，围观者感兴趣地向前挪了挪。几轮争执后，女孩让了一步，又给了5块钱，然后迅速离开了。

术数从业者仍然很生气，不停地抱怨。虽然没有顾客，围观者也没有离开的意思，还站在原地，看着术数从业者的招牌，好像不能理解招牌上的字一样。其实，围观者是在犹豫自己要不要算命，或是在等着看下一位顾客来算命。一阵尴尬的寂静之后，术数从业者开口说了话，回忆了刚才的术数过程，其中有许多术数术语。陌生人可能会以为术数从业者在和忠实的听众讲话。过了一会儿，还是没有顾客来，围观的人慢慢都走开了，留下术数从业者独自坐在原地等顾客。

在L市一个公园旁边，牛先生正忙着装修自己的店铺。他的工作室夹在一排临街门面里，面朝一条比较安静的道路，两边的邻居分别是一家破旧的摩托车修理厂和一个小卖部。

牛先生在当地一家报纸上刊登了广告，宣传自己的术数培训课。他那金灿灿的手机不时会有咨询的电话打进来。牛先生耐心且熟练地回答电话询问，但很少有人在听到3000—5000元的培训费后继续询问——这些钱相当于当地中产阶级一个月的工资。牛先生挂断电话对我说，生意从来没有像今年这样糟糕。他走出店门，回头看了看自己的新招牌，上面写着"全球周易研究会"几个大字。

在 L 市的市中心，米先生惬意地坐在高档沙发上。米先生的办公室十分豪华，位于市中心一栋崭新的写字楼里。他品着茗茶，和顾客谈论着佛教和修持。米先生坐在椅子上，俯视着这座城市的地标——人民广场。他的办公室有许多书法抄本，宽大的桌子上整齐地摆放一排精美的毛笔。米先生私下里更愿意被人称为书法家而不是术数从业者。

米先生的办公室外，三个员工正忙着接待前来咨询的顾客。前台的张女士问候着顾客，为每位等候的顾客倒着水，她也是公司术数宣传手册的设计师。米先生的侄子坐在另一个房间，给没有预约的顾客提供咨询服务。另外一个房间里，戴先生正在整理一批新的护身符，用以卖给顾客改运。有些回头客可能会要求米先生本人亲自为他们咨询，社会地位高的顾客会被主动请入米先生的办公室，而且在咨询结束后一般会坐在优雅的茶桌旁聊天。米先生把这些人称为"朋友"而非顾客。米先生还在每个周末开培训班，每期收费 30 元；20 名学员晚上挤在客厅，客厅墙上挂着精致的招牌，上面写着"××易经咨询公司"。

一般而言，L 市公开做生意的术数从业者可以分为以下三类。第一类是街头术数。他们常常在佛教和道教寺庙旁边提供咨询服务，一些人去寺庙往往是因为遇到了麻烦或有烦心事，术数自然会借用这些潜在顾客流。此外，寺庙附近比较自由，政府管制较松，术数从业者可以称自己在进行"宗教活动"，与在公共场合进行的非法"迷信活动"区别开来。街头术数从业者的地点也常选择在集市，因为集市的人流量很多。第二类是店铺经营。术数从业者往往在自家或租赁房屋中，为自己设立一个固定的营业地址。这类从业者因为自身固定，每天迎来送往，所以一般很有把握能够应付各种各样的顾客。第三类是公司经营，术数从业者相对资产更加雄厚。公司常以"文化咨询"或"企业咨询"为名注册。还有些术数从业者不需要固定的经营场所，靠着名气或通过互联网广告吸引顾客，在网络、通信工具上开展咨询。[①] 通常，街头术数从业者的地位最低，但有人也相信有些不起眼的街头术数从业者算得很准——即俗话所说"高手在民间"。

---

① 关于网上占卜服务，参见 Cheng Kuo, "A Study of the Consumption of Chinese Online Fortune Telling Services", *Chinese Journal of Communication*, Vol. 2, No. 3, 2009, pp. 288 – 306。

六　依据知识背景的分类

梁湘润是台湾地区一位经验丰富的权威术数从业者。他认为可以按照术数学习方式将从业者分为六类：

（1）因为祖辈关系学习术数的人；（2）因为兴趣学习，退休后把术数作为工作的人，多数是中产阶级；（3）把术数当成兼职，另有稳定职业的人；（4）因为身有残疾，如盲人、跛子；（5）提供术数咨询，但不认为自己是在从事术数的人；（6）因为难以找到稳定工作而从事术数实务的知识分子。[①]

而当普通术数从业者被问及如何对术数行业进行分类时，他们的第一反应常常是盲人和非盲人。有些非盲人术数从业者认为盲人的术数技术更高。盲人术数从业者向同为盲人的师傅学习术数，往往需要口头背诵大量公式。因此，盲人术数从业者能说出许多复杂的规则和方法，得到"铁口直断"的称赞，意思是对顾客生活的推测非常准确。然而，包括一些盲人从业者在内的其他信息提供者并不同意盲人具有术数优势的说法，认为依赖大量公式口诀的术数太过死板，所谓"铁口直断"其实并没有准确率的优势。

另一常见的术数分类是根据知识类型把从业者分为两类：社会知识丰富的从业者和书本知识丰富的从业者，即"实践智慧"与"书本智慧"之分。从实践中获得技巧的术数从业者有时被称为"江湖派"，也称"民间派"。据说，"民间派"术数从业者擅于提供与财富和社会地位相关的咨询，更多地给关心财富积累和官职的普通人提供服务。靠书本学习术数的从业者称为"书院派"。他们往往接受过历史和文学等领域的良好教育，因此被当地人视为知识分子。当今社会，一些修习中国哲学的学者把自己的知识融入术数或风水等实践，与一些社会地位较高的顾客接触，能得到丰厚的报酬。"书院派"从业者里从而出现一些学术界代表人物，出自学术机构的背景增强了他们的可信度。"民间派"从业者被认为拥有丰

[①]　梁湘润：《天册：星相书简法卷》，台湾行卯出版社1995年版。

富的社会经验和技能，但因为理论知识的缺乏和唯利是图的交易而受到批评。"书院派"从业者可以因为渊博的专业知识和精湛的推理能力赢得称赞，但也会因为固执地坚持书本规则、不会变通，不会使用察言观色、迅速反应等灵活社会技能，"准确率"有限，从而受到"民间派"的嘲弄。

L 市一些受访者认为，术数在中国南方更流行，南方是术数发展的重要基地，这种对术数风水的讲究也让台湾和香港地区这样的南方地区经济发展得更好。人们还普遍相信，中国台湾和香港地区不同于中国大陆，传统文化传承没有遭到过大规模的中断，而是以更开放的方式传承了术数的学问和传统。现在有些中国台湾和香港地区的从业者来到大陆寻找术数市场，他们收费很高。中国台湾和香港地区的术数从业者容易比中国大陆的同行享有更高的声誉。人们认为他们的经验更丰富，算得更准。

七　江湖术士

2002 年的全国性调查显示，23% 的受访者把算命先生这种术数从业者视为骗子，30.5% 的受访者认为算命先生是普通人，15.6% 的受访者认为他们能够提供心理咨询，7.7% 的受访者认为这个行当能帮别人改变生活。[1] 不仅公众对术数从业者的态度复杂不一，术数从业者群体对自身也有矛盾的评价，例如普遍存在一种自卑感。北京的"半盲"术数从业者张先生就表达了其对自己行业的态度："我不是特指某些人，一般低等的聪明人才会从事算命这行。如果我没有瞎，我肯定不会专门给人算命，我会读大学，毕业后像你和你的朋友一样找份工作，我为什么要专门费力地分担别人的烦恼呢？"郑先生是我在 L 市调查期间最受欢迎的一位术数从业者，当我问他是否想让儿子也学算命的时候，他立刻不屑地回答道："学算命干什么？"

术数从业者的自我认知深受社会偏见的影响。颇具影响力的术数从业者梁湘润指出，即使是术数知识渊博的人也会因社会偏见而贬低术数行业，也可能会被贴上"江湖"的贬义标签。[2] 笔者发现，"江湖"二字对

---

[1] 中国科协：《第三次中国公众对未知现象等有关问题的看法的抽样调查报告》，www.cdstm.cn/c/showmedium.jspid = 51579。

[2] 梁湘润：《天册：星相书简法卷》，台湾行卯出版社 1995 年版，第 5—20 页。

于理解术数从业者的社会身份、个人身份及心理有提纲挈领的意义。

江湖介于幻想和现实之间,原指官员退隐官场在普通民众中生活。因此代表朝廷的"庙堂",与江湖形成对比。江湖一词源于古代一位才华横溢的宰相范蠡的故事。范蠡帮助统治者取得权力之后立即乘小船消失于人们的视线。传言说范蠡后来成了富商。所以唐代之前,与江湖搭配的是因厌倦政治或为躲避官场凶险而放弃原有生活的知识分子。唐代以来,江湖的含义进一步延伸指向普通百姓,部分原因是武侠小说的繁荣。[1] 普通人中的英雄和侠义男女是江湖(朝廷之外的社会)中的重要人物。现代武侠小说和电影进一步发展了江湖这一隐喻,现在常常暗指教派和帮派社会,依靠有惊人武术能力的英雄维护正义的虚构社会。[2]

江湖是一个隐喻,江河湖海中流动的水与流浪的生活方式相呼应,水状态的丰富多变比喻艰难生活的命运无常,江河湖海的浩瀚和多样变化代表了人生会见识到、经历到许多起伏跌宕的情节。因此,江湖在现代语境中至少有三层含义。第一,江湖与严格统治的主流社会相背离,代表一种庶民阶层,"包括流浪者、不法之徒、艺术家、小偷、保镖、放高利贷者、流浪汉、赌徒、妓女以及任何只靠武力或智力生活的人在内的边缘社会"[3]。某些极端情况下,江湖是不法世界的代名词。上述群体通常区别于有固定住所和谋生方式的农民、官员和士兵。此处江湖具有消极含义,暗示着骚乱和粗俗,但也有积极含义,比如江湖人的社会网络很广,拥有博爱、勇敢和直率等特征,这些特征通常为正统的中上层阶级所缺乏。

在这个庶民世界里,术数从业者和许多其他流动职业的人一起构成了"江湖艺人"这个门类。江湖艺人可以分为若干门类,各有术语代称。常见的一个分类是:金(相面算卦)、皮(卖药)、彩(变戏法)、挂(打把式卖艺)、评(说评书)、团(说相声)、调(骗局)、柳(唱大鼓)。江湖艺人作为"流动人口",从事的"生意"包罗万象。按照连阔如的介绍,[4] 可分为文生意和武生意。前者如算卦相面、摆摊卖药、点痣。而变

---

[1] 陈平原:《千古文人侠客梦》,新世界出版社2002年版。
[2] 参见王学泰《游民文化与中国社会》,学苑出版社1999年版;于洋《江湖中国:一个非正式制度在中国的起因》,当代中国出版社2006年版;刘平《近代江湖文化研究论纲》,《文史哲》2004年第2期,第68—75页。
[3] Avron A. Boretz, *Gods, Ghosts, and Gangsters: Ritual Violence, Martial Arts, and Masculinity on the Margins of Chinese Society*, Honolulu: University of Hawai'i Press, 2011, p.16.
[4] 连阔如:《江湖丛谈》,中华书局2012年版,第41—42页。

戏法、打把式、拉洋片等需要锣鼓作响、场面热闹的，属于武生意。术数从业者属金门，金门里又有很多术语行话。如一味读书的书房派，叫"攥尖儿"。知识分子卖卜挣钱多无奈，文学丰富，术理精通，但不通人情世故，不懂得用江湖套路"使腥儿"，也被叫作"空八岔"（或"外行八岔子"）。①

第二，江湖还可以指充满风险挑战和不确定性的日常生活。"中国当代生活经常被描述为充满了陷阱、骗局、对立、歪曲等危险，尤其是对于贪婪和轻信的人而言。"② 在此意义上，包括精英群体在内的所有人经常发觉自己生活中总是面对着许多竞争和派系斗争，同时还会承受社会生活压力。例如，职场和办公室政治经常被称为江湖，暗示着因为表面规则起不到全部作用，内部斗争的暗流则在涌动并左右着人们的思想行为。没有人能预料未来的走向，每个人的身世都有可能起起伏伏。

因此，江湖可以理解为社会的代名词，代表了中国社会的想象性的投射，暗示着底层社会、法律的模糊以及混乱。江湖社会缺乏公共机构、家庭、社区和传统职业所具备的常规性、稳定性和安全感。面对复杂的社会生活，人必须不断发展人际交往能力，学习江湖智慧。

第三，江湖还有一层含义，即暗示经历颇多，喜仗义，好结交朋友，另也可有圆滑狡猾，善于操作人情的意思。那些处世经验丰富、见多识广、精于世故的人被称为"老江湖"。

另外，"江湖"也会使人联想到疏离感。正如阿夫龙·博雷茨（Avron Boretz）所言，在边缘世界，"这些情绪是特定文化的异化形式，一种脱节，一种与家庭和社区等主流社会的心理疏离"③。中国有句古话可以确切表达这种疏离感，"人在江湖身不由己"。

当人们说术数从业者是"江湖术士"时，可能会带有"江湖"的所有含义，也可能根据语境只强调一层意义。尽管底层社会意义上的江湖人士"的确存在并且是华人世界地方经济活动中不可分割的一部分"④，但

---

① 连阔如：《江湖丛谈》，中华书局2012年版，第41—42、59页。
② Susan D. Blum, *Lies that Bind: Chinese Truth, Other Truths*, Lanham: Rowman & Littlefield Publishers, 2007, p. 33.
③ Avron A. Boretz, *Gods, Ghosts, and Gangsters: Ritual Violence, Martial Arts, and Masculinity on the Margins of Chinese Society*, Honolulu: University of Hawai'i Press, 2011, p. 34.
④ Ibid., p. 16.

官方经济学把大多数江湖人士的工作划在直接生产过程之外，江湖人士处于经济和社会文化的边缘位置。"跑江湖"指卑微或具有风险的行业活动。术数从业者也会经常谴责在职业伦理上"不合格"的同行，直接称其为"江湖"，即认为其职业道德在某种程度上存在欺诈等问题。正如前文所述，术数从业者经常把自己与他们认为不道德的同行进行区分，同时像其他职场人士一样强调自身的职业伦理、职业素质。

因此，如果从国家和社会的视角看待"跑江湖"，尤其是考虑到江湖的多重意蕴，就能得出结论：江湖人士其实是指那些从事的行业不受社会尊重和国家保护的人，通常生活得像流浪者，被一些人认为威胁到主流社会发展，排斥在国家保护体系之外。① 江湖术士是非常典型的边缘职业群体，虽然事实上数目庞大，渗入寻常生活的方方面面，但是在政治和社会方面都欠缺合法性。

近年来职业术数从业者的数量增加有两个客观原因。第一，尽管术数行业整体名声不好，但能带来利益，甚至反转性地建立"大师"这种象征资本。第二，"体制"外的人数增加，没有更好的职业选择。L市大多数术数从业者是失业工人、没有土地的农民和下岗的政府雇员。社会主义计划经济的结束导致失业人数增加，私营部门工作人员没有安全保障。市场改革，特别是国企裁员，导致数百万职工下岗。城市化的迅速发展，以及劳动力市场的扩张，吸引农民抛下土地进城。另有许多人被迫离开体制内的工作，不得不踏入草根世界的"江湖"，开始从事术数等行业。

许多有正规工作的人因为自助或兴趣而学习术数，只有少数人会选择成为专业术数从业者，部分是因为术数乃"江湖"职业，并非十分正当的工作。术数从业者对从事术数行业的解释中也体现了术数的"不正当"含义。当笔者问及术数培训时，那些不太了解笔者的从业者经常强调这是祖辈传下来的术数。他们的说辞经常是违背事实的，这样说往往是为经营不体面生意而找借口，或者为了佯装自己很有知识。年长的术数从业者常会强调自己退休前有体面工作这一事实，而术数只是个人爱好。这些进一步表明，从业者希望能够避开江湖的污名。许多术数从业者也承认，多数

---

① 根据岳永逸在《空间自我与社会：天桥艺人的生成与系谱》（中央编译出版社2007年版）的记载，清代康熙皇帝认为流浪艺人游手好闲，对卷入一宗刑事案件的流浪艺人差别对待。在统治者看来，江湖派似乎靠着游手好闲进行赚钱谋生，这种行为本身就是犯罪。

从事术数的人是因为别无选择,许多人在以前的职业或投资中都遭遇过挫败。我调查了 L 市一个有 30 名学员的术数培训班,发现 90% 的学员没有正式工作。班里一位未婚女学员告诉我,她担心自己年老后不能养活自己,所以想学一种赚钱方法。有些人因为过失或个人纠纷被公共机构开除,或被迫放弃体面稳定的高薪工作。例如,马先生因为违反了独生子女政策被开除公职才从事了术数:

> 以前我是代课老师。1981 年实行了严格的独生子女政策。当时,正式教师月薪 34.5 元,代课老师月薪 24 元。不过,如果生了两个或以上的孩子,那么接下来三年里,正式教师的月薪会降到 18 元,代课老师会马上开除,党员也会被记过。1981 年我的第二个孩子出生,为此我丢掉了工作,1983 年我正式开始从事术数行业。

下文将介绍三个收入水平和社会地位各不相同的从业者,以体现术数从业者群体的多样性,并解释术数行业的江湖特征如何影响从业者的心理动态。

八 "我就是底层":田先生的故事

笔者第一次听说田先生是从河北省 S 镇副镇长那里。他说田先生是热心的术数从业者,也是一个上访户。田先生称自己的房屋在基建项目中遭到破坏,并坚持向当地政府申请赔偿。因此,镇长不得不经常与他谈判,最终彼此就熟悉了。"你应该找田",镇长说,"田认为他自己是镇上最好的算命先生,不过几乎没有人去找他算过"。

田先生已经 50 岁了。他说自己结婚很晚,因为某些不想详谈的"历史原因"。田先生在街上租了一家店铺,与现在生病的妻子和两个孩子住在一间破旧的房间里。田先生把一楼当作客厅和执业场所。田先生从没找过正式工作,而且很长一段时间以来唯一收入来源是赌博。"我就是底层",他在我们见面时说道。

在我的印象里,田先生很正直而且有礼貌。第一次会面过后,为了不让我在寒冬里等公交,他特意冒着寒风走了很长一段路,为的是让他一个亲戚送我回旅馆。尽管副镇长和田先生在谈判桌上是对手,但双方私下里对彼此的评价都很积极。"我们这个镇长还不错，为我们镇作了很多贡献，不求回报。""田这个人并不坏，他就是脾气不好"，副镇长这样说道。

访谈中，田先生承认自己年轻时是黑社会团伙的一员，因为强迫路过的卡车司机"卖"给他们卡车上的名贵木材而蹲了一段时间的监狱。田先生出狱之后再没有固定工作，虽然妻子生病不能工作，还有两个孩子要抚养，田也只是偶尔工作一段时间。田在"木材行当"后，感觉很多工作都很无聊。他那上小学的儿子的老师告诉我说，孩子在一篇作文里指责了懒惰的父亲："爸爸拒绝工作，逃避家庭责任。"

田先生经常对经济不平等和政治腐败现象做出尖锐的评论。他因为失业有大把时间参加各种抗议活动，有时会整整一天坐在政府办公室门口或与官员争论，最近一次抗议是因为政府为发展工业征农田，但给出的补贴达不到居民认为合理的标准。田先生自己没耕地，他说他在为自己当地的亲戚维权——他似乎很喜欢争论。田坦诚地说道："我没有官衔，我也没钱，但我至少能活个明白。"田最初为了提高赢得赌博的概率研究了《易经》和算命。田称自己发现了一个独特的新方法占卜，但不被人接受。这么长时间以来，都没人来找他算命。田感觉很不公平，因为那些赚钱的算命先生总是欺骗顾客，而他从不骗人，可没人听他的。

田先生说自己的出生图中有颗将星，说明他在战争时期会是位出色的将军。他承认从现在的情况看来，这颗星在和平时期确实没有任何帮助。田先生给我展示了他最珍贵的物品，是其已故父亲的军人证。他的父亲在1949年之前就已参军。军人证被仔细地用双层纸和丝绸包裹着。他可以靠父亲的军人证将自己与从未实现的军人梦想联系起来——也会凭借军人家属之名在上访抗议中向当地政府要求索赔上的特权。

九 "我们这行只是落魄文人的临时生意"：
　　牛先生的故事

"你得把这个写下来：我们这行只是落魄文人的临时生意！"牛先生说罢，起身继续装饰自己的执业场所。与中国文人一样，牛的小咨询室里也有一个茶室，茶具是普通茶具，饭桌很旧。茶室里有一幅古代著名书法家作品复制品，该书法家原是本地人，也是当地市民所尊崇的文化名人。牛先生自己不擅长书法，他告诉我他确实有几个书法家朋友，他们随时可以给他书法作品。此刻有几个朋友在帮他装饰办公室,一个上了年纪的体格硬朗的武术老师还有几个江湖"兄弟"。在他们的帮助下,牛先生用最廉价的方式装饰了店面,墙面都贴上了墙纸。他们一边工作,一边讲着笑话,不断拍着彼此的肩膀。墙纸上写着传统文化和文学的格言。一走进店铺,就可以看到这样的格言:

易,天地之道;
命,先天之赋;①
运,人生之程;
名,后天之赐;
德,人生至宝;
善,人生至行。②

牛先生的话语充满了历史典故,他可以说是我在 L 城遇到的最博学的术数从业者。一次我提到一本有关术数从业者的小说,他挥了挥手,说:"我已经好多年没读和术数相关的书了,小时候读过许多文学作品,像《安娜·卡列尼娜》,但随着社会经验积累得越来越多,逐渐失去了阅读兴趣。"

牛先生以前的生活很体面。牛先生成长于改革开放之前,当时人们的贫富差距不大,靠手工艺品为生的父亲让牛家成为全县最富的家庭之一。20 世纪六七十年代出现了饥荒,其他家庭还在担心吃了上顿没下顿的时候,牛家仍然能吃得很好,甚至还常常借钱给村里人。80 年代大学录取率相当低,而牛先生考上了大学,毕业后分配到 L 市的农药管理部门,后来调到农药厂。牛先生对早期中国市场经济的判断很敏锐,和自己所在的工厂签了合同,经营工厂的餐馆,后来通过转卖供不应求的原材料致富。

"然而,1997 年以来我遭遇了一系列不幸。"他在宴会后遭到醉鬼殴打,同年又出了车祸。因为和工厂的纠纷,和领导有了矛盾。在 2001 年或 2002 年,牛先生辞职经营术数业务。2003 年,一份省内主流报刊将牛

---

① "先天"和"后天"指圣人伏羲和文王(周文王)分别设计的两种不同排列方式的卦,"先天"象征宇宙的平衡,"后天"象征变化的过程。

② 招牌上的原话。

先生作为新兴的算命从业者的例子进行报道,牛先生因此陷入了尴尬境地。因为他在做算命生意时还领着工厂的工资,牛先生被迫放弃了工资。后来,他再一次遭遇不幸。"2008年,投资损失惨重",他停顿了一下,"猜我损失了多少?"我没说话。他伸出手指,做了个数字八的手势,苦笑着说:"八十万。"牛先生叹道:"算命不过是一个落魄文人的暂时栖身之所。"

牛先生多次提及以前的同事有多少成了高官,有多少取得了成功。人通常向别人介绍自己有名望的朋友以抬高身价,对此我并不感到奇怪。牛先生一次提到了我也认识的一个当地富商杨先生。牛先生说他和杨先生关系很近,我问他杨先生是否相信术数。牛说:"我肯定他信,他花过钱算命。"我又问:"你给他算过命或看过风水没?"牛说:"没有。如果杨先生想让我为他算命,他得邀请我。我会在宴席上给他简单算算,比如看手相。但我有自己的原则,没有正式邀请,我是不会给人占算的,杨先生也一样。"许多细节都说明牛先生身上有一种在知识分子和传统儒家学者群体里常见的"自尊"。一天,我把牛先生介绍给一位外国朋友认识。牛先生在外国朋友面前引经据典,不断地称中国哲学很实用。不久,牛先生托我给外国朋友送了一幅中国书法作为礼物,叮嘱说"礼尚往来"。

儒家道德讲究原则规矩,但江湖需要妥协。一位了解牛先生的从业者说:"你知道老牛为什么赚不到钱吗?他过于坚持自己的原则,而且自尊心太强。违背原则的事情,他不会去做。可是术数这行,从业者需要灵活变通才行。"一年后我再去找牛先生时,他依旧在忙着打电话,只是他的主营业务已经变成了房地产中介。

十　处理关系的术数从业者:王先生的故事

王先生四十岁左右,留着快到肩膀的长发,爱穿中山装,口才好,态度诚恳。王先生原是L市一位术数从业者,目前在北京经营一家风水公司。他的名字出现在中国最大门户网站之一的星座专栏里。这样的"大师"通常名气大,术数服务费用也相应高。王先生将客户定位在上层社会精英群体上,这些人负担得起昂贵的费用。王先生的个人网站有许多和社会名流的合照,有退休的高级官员、成功企业家和娱乐明星。与社会名流合影是从业者用以赢得潜在客户信任的常用方法。客户除了通过直接经历判断术数从业者能力之外,还会考虑从业者是否和名人是朋友,或是否给名人服务过。通过展示与名人合影,可以吸引更多客户。

王先生一开始在老家小城市开起名馆,后来搬到了省城。在省城遇到一个"贵人",赚到第一桶金。自此,王先生的客户群体就沿着这个贵人的朋友圈往外扩展,最后挥师北京。他平时接风水和姓名咨询的案子,在几家公司担任长期风水顾问。王先生有时会率领几十个风水师给楼盘看风水,很拉风。

就术数从业者而言,得到当权者的信任就能轻易获得各种特权。王先生与L市的领导"结交朋友"后,被选为L市政协委员,这也提高了王先生在L市的声望。王先生很快在名片上印上了自己的政治头衔。知道他的术数从业者很多,除了羡慕他的成就,也不乏微词。有些人认为他并不怎么懂技术,就是靠联络、开会来积累人脉和名气。

所以尽管有些术数从业者被贬为骗子,还有一些人被尊为"大师",像王先生一样与精英人士交往。一些走上层路线的术数人士常会卷入各类经济和政治活动。长期以来,地方政府一直将城市化视为"打开中国内需的关键,是中国经济稳定增长的源泉"①。城市化涉及大规模住宅和商业建筑项目、农村土地用途转换以及人口从农村到城市的转移。一些政府官员期冀着在土地交易以及地面工程的招标中获利。在拆迁和重建热潮中,风水大师经常会被请去提供选址和规划建议。官商勾结在腐败同盟建设中是重要主题。有些大师擅长处理精英人士的社交关系,在客户之间起到协调的作用,也就是说术数从业者作为商人和官员的中间人也可以从中获益。王先生向我透露了他是如何成为百万富翁的,"现在每个地方政府都在招标投资。开发商在视察地区时,我会让他们相信某片土地风水很好,并告诉他们在此开发地产的获益将会非常可观。如果开发商和政府签订了合同,我就能从政府那里得到钱作为回扣"。完工后,风水大师的参与可以登上广告,被开发商视为一个卖点。王先生这样描述自己的时间安排:"每个月我得花半个月跟领导们玩,参加过很多省市活动。"

在一则新闻报道中,一位化名密坤乾的术数从业者也说明了类似的暴利收取模式:

---

① Shannon Tiezzi, "China's New Urbanization Plan", *The Diplomat*, December 17, 2013.

"其实干这行要讲来钱最快的，还不是靠给人占卜官运，而是参与建筑设计或者城市规划"，密坤乾说，"混得比较好的风水师一般都会在当地的周易协会挂个会长副会长啥的，于是经常以学会的名义参加县里或市里的各类建筑规划设计；一些有权有势的单位要盖办公楼，因为单位领导特别迷信风水，所以就会被请去看看，一次收取个三到五万（元）的咨询费会很轻松；还有单位干脆通过周易学会以签订合同的方式堂而皇之地聘请风水师当设计顾问，而一年的顾问费会高达10万元甚至50万元不等，而划款的名头则变成了规划设计费。"

记者听了密坤乾的爆料后随便在百度上搜索了几家风水网站，发现他们担任风水顾问的企业名单上有七八家赫然是国内有影响的大企业。"给这些企业当顾问的风水师，年费不会低于百万"，密坤乾说，"一些话只有从风水师嘴里说出来才有用，一些商人正是看准了这一点，他们要想拿下某个工程，往往会采取曲线方针，从风水师那里下手，让风水师去影响决策者。一旦工程拿下来，风水师的回报当然也是很高的。"①

"大师"经常出现在现实主义小说中。王跃文的《国画》是一部有关中国官僚政治的巨作，真实描述了一位官员的生活和事业，受到广大读者赞誉，甚至被年轻官员当作办公室政治生存手册。小说中的袁小奇是具有神奇本事的算命先生，主人公是一位中层干部，袁小奇在主人公的升迁中扮演着重要角色。袁小奇也逐渐提高了自己的社会地位，获得了名利。术数从业者扮演的社会经纪人角色已经普遍到开创了一种新的小说细分类别。有些书以术数从业者为主人公，书名中有"易经大师""风水大师"等字眼，② 主题围绕着术数从业者卷入的政治经济阴谋展开。小说中的术数从业者提供了一种视角，一种观察经济和政治精英之间复杂社会关系的视角。社会掮客可能比提供直接术数咨询服务的人更赚钱。政府关闭术数

---

① 邰筐：《官场风水学》，《方圆》2011年7月刊，http://news.2008.sina.com.cn/c/2011-07-12/164822801138.shtml。

② 例如程小程《周易大师》，江苏人民出版社2010年版；听叶《都市风水师》，中国画报出版社2009年版。

门店的整改过后，笔者到雍和宫喇嘛庙参观了侯先生的术数店铺，也是以前雍和宫最大、最好的术数店铺。现在店铺招牌已经从"算命服务"改成了"贸易公司"，墙上所有与算命有关的内容都用墙纸临时遮盖起来。侯先生说自己的业务并没有受到影响，因为多数客户是老客户，还有的是老客户介绍的新客户。侯先生的桌子上放着两叠客户的诉讼案件文件。侯先生指着文件说，现在自己不仅通过算命赚钱，还把法官或其他可能影响诉讼结果的人介绍给客户，如果顾客通过贿赂法官赢得诉讼，他就会拿到酬金。

此外，人们的成功不仅依靠大师的玄学与人脉，能够受到著名大师的指点，和大师交游这件事本身就是人们试图证明自己成功的方法之一。在精英客户看来，能够找著名的术数从业者术数也是成功和幸福的象征。最近有关中国城市和农村地区的人类学调查发现，炫耀性消费很普遍。汉斯·施泰因穆勒认为，"在'幸福'的衡量标准中，在恰当的时间以恰当的方式向别人展示自己是何等成功非常重要"。前文提到过，中国香港和中国台湾的术数从业者在中国大陆发现了巨大的术数市场。有报纸文章称，中国香港著名的术数从业者麦玲玲收费很高，但吸引了许多暴发户顾客，这些顾客通过找麦玲玲可以借机炫耀财富和权力——和买奢侈品的炫富相似，向别人炫耀自己找的是最贵的风水师。"大师"本身就是权贵热衷于炫耀的一种"消费品"。

> 麦玲玲会思考，大老远的，为什么这些人会出那么高的价钱请她过去。她得出的结论是，大陆人更喜欢从香港过去的风水师，因为香港风水师经过包装，显得更专业，更切合这个时代的特征。而且她是个名人，虽然收费比较高。但这只是故事的一面，另一面是，那些暴富的人，他们追逐于消费LV、法拉利、劳斯莱斯，当然也要消费最有名的风水师，这是他们对自身欲望的表达。在迅速经历从贫穷到巨富后，这个新兴的权贵阶层，有着一般人所无法企及的对财富与权力的炫耀本能。①

---

① 林珊珊、梁为：《风水江湖》，《南方人物周刊》2012 年第 5 期，http：//news.ifeng.com/shendu/nfrwzk/detail_ 2012_ 03/23/13405670_ 0. shtml。

十一 小结

人类学研究已经注意到，术数从业者的社会地位不寻常。罗伊斯·威利斯（Royce Willis）称，

> 术数从业者一般在种族、职业、身体状况、性取向方面被视为边缘群体，如美洲土著社会的异装癖术数从业者、欧洲吉普赛算卦先生、印度印度教的贱民巫术术数从业者和苏丹丁卡族的盲人术数从业者。正是因为处于社会边缘，术数从业者得以通过超然和整体的视角看待顾客的处境，这一说法似乎很合理。[1]

根据一项全国性调查，中国只有盲人术数从业者才被视为反常，许多人认为术数从业者就是"普通人"[2]。这很可能因为基于文本的术数知识已经达到了高度自我建构，可以通过训练而不是灵性来学习。符号计算和推理技术，使术数区别于"迷信"中地位较低的"巫术"。术数的内在宇宙观追溯了"初始事件的相对更高、更好、更超自然和更有效的现实"[3]，使术数在现有秩序下显得更加合理。术数"好命"概念侧重"富贵"的属性与当代社会推崇的"成功"相照应，术数从业者因此有机会利用术数所描绘的好运的特定形式吸引关注世俗成功的顾客。

从业者把神秘元素融入当代中国的政治和经济领域，使自己的文化资本成为社交网络的必要成分，进一步提升了自己的魅力。所以术数从业者不仅因提供预测、治疗、改运和主持仪式等实用服务而被人需要。有些术数从业者，包括气功大师、佛教僧侣和道士，因为拥有"神秘资本"常被客户尊为"高人"或"大师"。他们成为利益交换的掮客和人情交往中的媒介。玄学让他们拥有了社会资本、文化资本和符号资本之外的"神

---

[1] Roy G Willis, "Divination", in *The Routledge Encyclopedia of Social and Cultural Anthropology*, ed. Alan Barnard and Jonathan Spencer. 2nd ed, London: Routledge, 2012, p. 202.

[2] 中国科协：《第三次中国公众对未知现象等有关问题的看法的抽样调查报告》，中国数字科技馆. com/c/showmedium. jsp? id = 51579。

[3] Bronislaw Malinowski, "The Role of Magic and Religion", in *Reader in Comparative Religion: An Anthropological Approach*, William A. Lessa and Evon Vogt (ed.), New York: Harper & Row, 1979, p. 70.

秘资本",并通过各类利益交换输送网络,最终转化为其他形式的资本。

与此同时,虽然术数从业者可以变身为日入斗金的"大师",却依旧普遍被视为社会上离经叛道的人,有"街头骗子"和"勾结精英的虚伪者"等负面公众形象。术数从业者的这种形象加深了人们的刻板印象,即认为术数从业者是利用人的非理性信仰的不道德的骗子。台湾地区的资深从业者梁湘润总结道:"论命者既要准,又要有学术,要懂做人,要赚钱,要随江湖之俗,要承受别人视你为江湖,要摆脱老一辈在精神上压制你,又要受礼于上流社会。"① 对于两极化的处境,梁湘润建议同行保持平衡的心态:"合乎利则动,不合乎利则止。任凭别人如何藐视你是江湖还是称赞你是大师,不生气也不高兴,职业论命,只是谋生,保持平常心。"② "谦恭处世,则四海皆可行。"③

一些年轻从业者的视角更能代表这一行业从业者的理想图景。王斌是河北某镇上一个有挣钱抱负的年轻人。在一个严冬早上,我陪同他为镇上最大的工厂看风水。他的爸爸是这个工厂的保安,他为工厂主提供的术数服务必然是免费的。看完风水后的午饭餐桌上,他开始评论这个行业的现状:"这个行业能挣快钱。就拿今天早上我们看的这个厂子来说吧。去年六个工人死于事故。经过我的风水调理之后,今年只有一个工人受伤。如果我问工厂老板要五万块,这个开宾利车的老板肯定乐意付我钱。但是我爸爸为他工作,我也不能要。有些人用术数去贪婪地捞钱。我佩服的是一个本地的先生,姓周的。他本事其实不大,但是他就是有钱。周先生全让客户随意开价,他都接受。他每天还是能挣两三百。就这样,也不需要很贪婪,人过得很满意。"超越贪欲、超脱于江湖,这样描述满意境况有一些普遍性。例如陈先生是马来西亚吉隆坡一个颇受欢迎的年轻风水师。他花了大量的时间和金钱来学习术数技能。当他见证了台湾地区领先的术数从业者的生活状态后,心生羡慕。"我曾经参与过一些台湾业界老者的聚会。他们来自各类背景,但都有很抢眼的本事。他们并不看重金钱,在乎真正的乐趣。他们吟诗作赋,表演太极武术,琴棋书画茶样样玩得溜。他们已经过了追逐世俗名利的那种阶段,超越了低级的享乐。他们知道人生

---

① 梁湘润:《术略本纪》,台湾行卯出版社2009年版,第102页。
② 同上书,第98—99页。
③ 同上书,第101页。

中什么才是值得追求和享受的。"当我问陈先生他的人生愿景是什么,他回答:"先挣钱,如果我有了足够的钱过体面的生活。我想像我在台湾遇到的那些老先生一样,笑傲江湖。"从业者虽然背负了江湖的污名标签,同时他们也具有江湖实用与超越兼备的愿景。从平民实用主义的现世安稳,到知识分子、有闲阶层所追求的超越性的精神满足,都是江湖术士的多重棱镜"江湖梦"的不同侧面,同时受制于从业者群体的内部差别。

除了心理建设和有所收入后超脱物外的期冀之外,术数从业者在行动和理念上也会发展出多种方法让自己"安身立命",自保于"江湖"。下面四章将介绍术数从业者为摆脱偏见,建构一个合理的职业自我而做出的一些尝试。

第三章

典型顾客案例

为术数的客户群体画像是困难的，它涉及各个人群。1996年的一项全国性调查[1]揭示了术数实践与术数顾客的性别、年龄、受教育水平之间的关系。调查显示，在术数中，女性客户数量比男性客户多出10%。29.7%的受访女性表示某种程度上相信占卜，而19.4%的受访男性表示某种程度上相信占卜。调查还显示，40岁以下受访者中3.5%的人经常占卜，50—59岁的受访者这个数字为6.1%，60—69岁的受访者占9.4%。文盲受访者中17.3%的人经常占卜，而在拥有学士学位的受访者中仅占1.8%。可以看出，术数客户因性别、受教育水平、年龄不同而存在差异。然而，一些调查并不认同学历、性别导致术数行为的差异，例如1990年一项针对台湾社会的研究发现，受教育水平不会对算命和阳宅的接受程度产生显著影响。受教育程度较高的人更容易对择日、风水、开光仪式、改变运气等方面产生怀疑。[2] 笔者在实地考察中发现术数客户广泛分布于各个社会群体，每个群体里都有可能出现对术数有强烈兴趣的人。由于本章并不涉及术数接纳度的社会分层，而是研究客户群体的整体需求。因此，笔者根据购买术数服务的动因对客户进行分类。

许多人出于好奇，为了寻找乐趣而去占卜。然而，Kuo对网络算命的研究表明，出于这种动机的人很快就会兴趣消失，不会再去拜访占卜

---

[1] 中国科协管理科学研究中心研究部：《中国公众对未知现象等有关问题的看法》，《中国科技论坛》1997年第4期。

[2] 瞿海源：《术数流行与社会变迁》，《台湾社会学刊》1999年第10期，总第22卷，第1—45页。

者。[1] 同样，笔者发现经常占卜的顾客确实要咨询一些问题，如为了寻求解决办法、增进对他人和自身的理解等。人们最常见的动因是就某个具体问题，例如如何改善财务状况而向术数从业者咨询。另一项2002年的调查显示，28.5%的术数实践涉及财富问题，27.7%涉及健康，20%涉及婚姻，15%涉及职业选择，11.4%涉及生意问题，9.9%涉及爱情，5.8%涉及教育问题。[2] 结合这一统计数据，并通过与当地术数从业者的交谈，我发现L城最为典型、经常购买术数的三个群体是商人、政府雇员和未婚女性。本章从三个群体各选出代表人物进行介绍。其中涉及的民族志材料不仅包括术数的具体过程，还包括用户在购买术数服务前后的生活状况、生活历程和社交互动。

一　商人

L市居民经常提及多数商人相信算命。在田野调查期间，我遇到的绝大多数的术数从业者也这样认为，并希望能为商人以及企业家服务，因为他们付费会很慷慨。统计数据还显示，"迷信"在华语世界的商业决策过程中扮演非常重要的角色。新加坡199家公司有127家说找过风水大师，占比63.8%。[3] 风水大师很受商界人士欢迎，一位著名术数从业者在一次采访中自豪地说道，"几乎每个中国商人背后都站着一位风水大师"[4]。商人咨询的问题范围很广，有办公家具摆放等日常事务，也有投资决策等重要事宜。有些商人参加的管理培训课程，其中就有术数从业者的授课，常常冠名为"传统文化教育"。有些公司还特意邀请术数从业者讲授术数基本原理，作为公司人力资源培训的组成部分。

术数并不独受中国商人欢迎。全球的商人似乎都有"迷信"的习惯，从美国硅谷到印度新德里，商界人士都很熟悉符咒、幸运鞋和占星术这些

---

[1] Cheng Kuo, "A Study of the Consumption of Chinese Online Fortune Telling Services", *Chinese Journal of Communication*, Vol. 2, No. 3, 2009, pp. 288–306.

[2] 中国科协：《第三次中国公众对未知现象等有关问题的看法的抽样调查报告》，中国数字科技馆.com/c/showmedium.jsp?id=51579。

[3] Eric W. K. Tsang, "Toward a Scientific Inquiry into Superstitious Business Decision-Making", *Organization Studies*, Vol. 25, No. 5, 2004, pp. 923–946.

[4] 杨雪峰：《几乎每个中国商人背后，都站着一个风水师》，《中国商人》2013年6月刊，第52—53页。

和运气有关的事物。一位财经记者注意到,"商界人士有理由比普通大众更加迷信。市场充满了不确定性和风险,而迷信能够给人一种对不确定性加以操控的错觉,让人以为已经为迎接最佳结果做好了一切准备"[1]。商业是冒险活动,但也和当地社会文化紧密相关。下文将聚焦一位商业女性,阐释其术数经历以及商业抱负和家庭之间的矛盾。

二 不安分的年轻女商人燕

燕,35岁,家庭背景优越,父亲是高级官员。通过父亲的关系,燕很容易就得到一份当地大学教师的工作,当地居民眼中女性的理想职业。燕的丈夫是一名警察,家庭背景与她类似。燕本可以过平静舒适的生活,而她不满足于这种生活方式。燕比同龄女性更加独立,更有雄心。燕自幼时起就很喜欢参加父亲和叔叔之间有关家庭和政治的讨论,而且热衷于表达自己的观点和看法。燕没有选择像大多数同龄女性一样结婚生子,而是在业余时间经营了一些小本生意。

燕的经营范围换来换去,从卖衣服到养鸭子再到开餐馆都做过。然而,不管燕多么努力,生意都无法盈利,欠的债也越来越多。所有的亲戚都反对她做生意。她的父亲,大家庭的一家之长,同时也是一位受人尊敬的政府官员尤其不满燕的做法。燕的父亲说,即使鼓励孩子们利用他的社交网络去经商,还是会反对女儿做生意,认为女儿不听劝,做法很愚蠢。燕的父亲多次敦促燕放弃生意,先生个孩子。燕后来选择和一个商业伙伴一起做生意,家人都不信任这个生意伙伴,这让燕与家人的关系更加紧张。事实证明,燕的商业伙伴是个职业骗子。燕说:"没人站在我这边。我压力很大,有的时候开车,就想把车撞到墙上,结束生命。"

燕很敏感,容易受到神秘事物、超自然现象的影响。因为家人的缘故,燕在做生意之前有过许多术数经历。母亲和几位阿姨拜访过有名的算命先生和灵媒,燕有时也会跟着去。燕的阿姨兴奋地告诉我,一个算命先生算过,燕会生一个儿子,只有生了儿子之后才会变富,也就是儿子带来财运。

---

[1] Vivek Kaul, "Why Businessmen around the World are so Superstitious", *The Economic Times* (*The Times of India*), March 30, 2012, accessed January 28, 2014, http://articles.economictimes.indiatimes.com/2012-03-30/news/31261001_1_superstition-businessmen-physical-world.

三 影响燕的导师型术数从业者

燕的精神历程终于有了成果。燕在附近城市找到一个佛教大师,名叫明。明是残疾人,全身只有头和手指能动。据说,明有特异功能,可以通过诵读佛经或触摸病人身体进行治疗,消除病人疼痛。明渐渐成为朝圣者众多的一个佛教圣地的领袖。明也十分精通商业,已经建立了一个咨询培训公司。而明的公司培训内容很受争议,有人称之为"洗脑"。

在我们去拜访术数从业者明的路上,燕说她和大师注定要认识。"我还没见过大师的时候,我的所有朋友不是知道大师本人就是听过大师的大名,所以我就联系上了大师。"燕骄傲地说,自己是唯一能与大师长谈的弟子,大师充满佛教智慧的话语能帮自己战胜困难,度过"苦难的岁月"。大师预测了燕的未来,给了燕一些商业上的建议。

我与燕以及众多寻医问卜的人一起排队,排了一个小时左右终于轮到我们去见大师了。大师四十岁,躺在床上,自己就像是瘫痪病人。没人想到他会是一位治疗者,也是公司的首席执行官。燕谈到一个商业决策,大师发表了看法,告诉燕现在不应扩大投资。大师还建议燕买一尊财神塑像放在她的办公室。接下来,我和大师进行了谈话。大师对我的教育背景很感兴趣,似乎很想展示他的智慧,开展一场有关唯物主义和唯心主义的辩论。大师认为唯心主义比唯物主义更合理。谈话最后,大师用他的智能手机播放了一段关于他的培训公司的学员和员工聚会的视频。视频中参加聚会的每个人都很兴奋,充满活力。他们通过口号和表演表现出对"成功理论"的强烈信念。我意识到,关于他公司的谣言没有错——其所使用的洗脑策略和传销公司如出一辙,在人头脑中灌输一个成功原则以激励大家:每个人都应该成功,每个人都可以通过自己的努力获得成功。然而,作为佛教圣地领袖,他还强调了经过他施法后的公司产品的功效,产品有神像、保健品等仪式和宗教用品。燕着迷于大师的魅力,但对大师的产品推销有一种复杂的感觉。燕说:"我有点生气他把茶叶卖给那些可怜的老奶奶,告诉她们茶叶也可以治愈许多疾病。这很荒谬。"

四　帮燕提升"财运"的风水大师

燕从明大师的店里买了一尊财神塑像。在风水中，正确摆放塑像对其功效至关重要。接下来，燕该考虑如何在办公室摆放塑像、摆放在哪里。燕把风水师小孙请到她的办公室。小孙30多岁，比较腼腆，皮肤黝黑，以前是一名艺术生。小孙的家庭贫困，为了在乡下养家糊口，开了一家小型广告公司。燕带小孙走进办公室，给他看她已经按照他之前的指示摆放了家具。燕接着问小孙在哪里摆放财神塑像。小孙给燕提出了建议，并告诉燕祭祀神灵的程序。下面是燕和小孙在看风水之后的一段对话。

燕："您怎么看？"

孙："你正处于赚钱的初期阶段。过了明年秋天你会非常成功。现在你还心有不安。安排好风水后，你的生意就会飞速发展。"

燕："我感觉我的事业很快就会发展起来。商人杨女士打算在同一栋楼里开一家公司，问我什么时候成立公司。我说建议的是13号成立。她说她的算命先生建议在同月7号开张。"

孙："她的算命先生用的一定是低级的传统方法。"

燕："你给我的办公室看过风水后，我感觉很好。"

孙："短期内会起作用。你朋友杨女士人怎么样？"

燕："她做生意不择手段。我的意思是，我对待事业更认真一些。我真心想做出一番事业。而她是需要你的时候，对你很好；不需要你的时候，就变了一个人。"

孙："我想我应该知道她。她在为慈善机构印刷佛教书籍，对吧？"

燕："印刷佛教书籍？！不可能。她很小气的！"

（我介绍了我的课题，问孙是否能为他自己提升财运。）

孙："我可以提升自己的财运，但是我命里财运有限。我帮燕催财，也要承受可能的因果报应。我必须劝人行善和修行，以驱逐我自己的不好的因果报应。修行能让人超越因果报应和五行约束。道德是最重要的，没有道德就不能看风水，不能做营利生意。"

燕："对，所以我对大师明卖他所谓的福茶感到很不舒服。"

孙:"燕,不要碰你的鼻子。鼻子是你的命门,不要碰鼻子,否则会导致你财富流失。"

燕:"哦,我确实有摸鼻子的癖好。哈哈,我不该和你站在一起,什么都能被你看穿!"

燕终于扩张了业务。后来在笔者与燕的会面中,笔者跟她了解了小孙的情况。燕说:"他的广告公司经营得不好,又不能停业,因为需要靠公司的收入来维持贫困的家庭。我建议他开一家风水公司,让他当家庭主妇的妻子去经营一家餐馆。"

五 燕取得成功,并使兄弟姐妹受益

再见到燕时,她的财运已经提升了好多。燕高兴地说,新业务在 L 市很有优势,发展得很好。燕经营的行业与她父亲的部门关系紧密,燕显然从父亲的社交网络中获益不少。我当天去拜访了燕的父母,提到燕是一位多么成功的商界女性。燕的母亲表示,非常担心繁忙的公司业务会累垮燕的身体。燕的父亲一句话也没说,低着头,撇着嘴,他的表情暗示着"我不赞成"或"我不想说什么"。

燕告诉笔者,在过去 10 年的生意里她有了一些改变。燕开始希望能证明自己,而现在愿望没那么强了,也没那么雄心勃勃了。燕很满意现在的日常生活,而且非常注重履行自己的基本职责。燕说自己赚钱不单是为了自己,还邀请哥哥和姐姐投资,并分给他们公司的股份。燕说:"我为了他们经营生意,让他们从中受益。这样全家人会很容易致富,过上更好的生活。"然而,燕不安分的天性仍然没有消失。她说经常感到没意思,虽然最后实现了自己的梦想。

六 术数在燕的事业与生活中的作用

即使和术数从业者闲谈,燕也忍不住谈论她的业务。燕分享了自己的投资规划和新的赚钱机会。燕需要的不只是术数从业者,还需要业务顾问。术数从业者明和孙都可以提供业务咨询服务,因为他们也有自己的公司。一项研究显示,华语世界的术数从业者通常也会学习管理知识,以更好地应对企业家顾客的需求。① 燕的公司取得了重大成功，燕也会给风水大师孙提一些商业建议。然而，虽然燕很自信，但仍然会遵循风水和宿命的一般规律，不断为其业务寻找有效的预测。

术数实践过程的道德话语和修身养性对于社会生产和主体形成过程中的个人欲望伸张具有重要作用。燕对佛教大师声称产品具有治愈效用进而达到推销目的的行为感到很不舒服，认为这是不道德的商业行为。风水大师孙也表现出对佛教的依附，声称道德能把术数从业者从因果报应中解脱出来。术数从业者扮演着道德和宗教导师的附加角色，吸引着许多像燕这样需要精神向导的用户。现实生活中，术数既是寻求真理的方式，也是将技术应用于自身修养的过程。

燕到33岁才生孩子，在L市属于晚育。燕决定晚点生孩子，希望能获得个人满足，有时间做生意。这个决定让燕遭受到来自家人、朋友、邻居等各方的巨大压力。在燕的故事中，术数表面上调和了屈从外界和遵循内心之间的矛盾。术数从业者预言，燕成功的一个前提是生子，说明了女性履行传统职责与取得个人成功二者可以兼得，并以履行社会职责为先。预言仍然和父权文化相契合，即女性依靠生子获得地位。② 我听到燕的一些亲戚在谈论这个预言非常准确，认为这是燕的命。后来，我向燕提到了术数从业者的预言，燕笑了笑说："我过去几次找过说这个话的算命人来帮我再次咨询未来，却找不到她了。我仍然认为，如果女性想要拥有个人空间，就可以选择晚育。"

七　寻求向上流动的人

辛是一个戴着眼镜、身材肥胖的年轻公务员。他出生于20世纪70年代一个贫穷的农民家庭。对于像辛这样的农村孩子，教育是进入上层社会的跳板。辛在学校表现很好，拿到了大学学位，在与他同一起点的年轻人中属佼佼者。辛拿着学位在城里找到一份基层公务员工作。后来，这个出身卑微的年轻人娶了L市一名高级官员的女儿。辛之前的工作部门是一

---

① Eric W. K. Tsang, "Toward a Scientific Inquiry into Superstitious Business Decision-Making", *Organization Studies*, Vol. 25, No. 6, 2004, pp. 923–946.

② Paul S. Sangren, *Chinese Sociologics: An Anthropological Account of the Role of Alienation in Social Reproduction*, p. 216.

个闲散部门。辛的岳父设法把辛调到了一个有利可图的职位，能给辛带来巨大利益。人们说辛在政府部门工作了10年后终于熬出了头。

一天晚上，笔者去辛的公寓拜访辛。作为一个发福的中年男人，辛在一整天的忙碌工作后像麻袋一样瘫在沙发上。我们在交谈的时候，辛的妻子也在旁边并给我们准备了一些水果。辛显得很疲惫，说道："我敢肯定政府官员中十个里面九个会找人算命。"辛的妻子也是一名政府职员，有些吃惊地说："我们部门没怎么听说过。"辛说："你们肯定有同事找人算过命，只不过是在私底下。地位越高，就越隐秘，以免让别人发现。有些官员去算命甚至都不让司机开车跟着。你知道的，党员不可信教，可现在却有许多人偷偷找人算命。"

20世纪80年代以来，越来越多的政府官员参与迷信活动。这一趋势引发了媒体、学者、政府的关注。媒体曝光了几个经常找人术数的政府官员，有些还被查出严重腐败。例如。1994年，山西省交口县的官员根据风水师的建议改建了办公楼结构；曾任山东省泰安市委书记的胡建学，因算命先生说修桥能帮他"晋升副总理"，所以下令修桥，在1996年被判死刑缓期两年执行；1999年，辽宁省沈阳中级人民法院的腐败官员贾永祥请一位"大师"算出搬往新办公室的具体日期，不久被捕。①

官方的研究机构开展了很多研究并根据研究成果不时地劝诫警告信"迷信"的共产党员。例如国家行政学院一项研究调查了900多名县级官员，发现半数以上的官员相信某种迷信，如算命或解梦。研究显示，公务员甚至比普通民众更容易相信迷信。②③ 在一项以103名被判罪的高级官员为研究对象的调查中，中共中央党校的田国良教授发现，有些腐败官员企图通过迷信逃脱罪行。④

政府对职员信迷信的这一现象越来越关注。2013年8月19日，习近平在全国宣传思想工作会议上发表讲话，要求党员干部应坚定马克思主义、共产主义信仰，强调了意识形态"对党非常重要"。随之而来的是政府开始

---

① Zhouxiang Zhang, "Why Officials are Superstitious", *China Daily*, June 24, 2014, Accessed February 5, 2014, http://www.chinadaily.com.cn/opinion/2010-06/24/content_10011993.htm.

② 程萍：《我国现今公务员科学素养现状及国内比较》，《科普研究》2007年第4期，第39—48页。

③ "Officials: A Matter of Faith", *China Daily*, October 10, 2013, Accessed February 3, 2014, http://usa.chinadaily.com.cn/epaper/2013-10/10/content_17021185.htm.

④ Ibid..

严厉打击封建迷信活动。例如，2000年以来，北京雍和宫喇嘛庙周围聚集了许多术数摊和店铺，到了2013年冬，大多数的摊位和店铺被迫关闭。只有少数伪造业务名称的术数从业者得以留存下来。店主告诉我，这次对术数的打击是因为政府对迷信采取了更加严格的政策。然而，一些实践仍在秘密进行，从业者通过各种手段躲避审查。

八 升迁期待

当被问及许多官员找人术数的原因时，辛告诉我是因为对升迁的焦虑。辛接着又说：

> 有三种可能可以升迁：第一，才能；第二，合适的时间和地点，例如，一个职位恰巧需要选择一名女性，或者某个特定年龄段的人；第三，关系。（辛的妻子打断说，与上级的社会关系比个人才能更重要。）在当今社会，有人可能会感到无论自己多么努力都没办法得到晋升。就算有能力的人也可能得不到升迁，因为其他候选人可能拥有更强大的关系网络。有人可能无法理解，不断发出疑问：我的命运如何？算命先生可以帮助回答这个问题。有人介绍给我一个算命先生，算命先生告诉我两年内我会升官。现在看来，算命先生的话没错。我可能不会把算命的话过于当真，但这些话让我感觉舒服很多。

大多数官员都会问术数从业者同样的问题："我什么时候能晋升？"官员大多渴望升职，更高的职位总能带来更大的利益。这种利益不一定必然涉及贪腐。由于社交网络在生活方方面面都很重要，更高的职位是获得社会资本的先决条件。此外，官职晋升不可控的因素很多。个人努力仅是升迁的一个条件，并不一定能获得想要的或应得的职位。一项调查研究表明，地方官员对官僚选拔任命制度非常不满。近半数的受访者认为现行制度不够公平透明。[①]

术数从业者理解官员的焦虑。一位主要在互联网上经营生意的知名术

---

① 程萍：《我国现今公务员科学素养现状及国内比较》，《科普研究》2007年第4期，第39—48页。

数从业者告诉我说，自己遇到的大多数官员都相信术数："人们可能会羡慕官员的权利和社会地位，但我知道他们真正的生活是什么样子。升迁是官员的唯一追求，也是唯一的人生梦想。因此，官员的生活其实很狭隘，并且单调乏味。"也有从业者借媒体总结出更多的缘由："官员就3件事情，一是求升迁，二是官场遇麻烦，三是情场的失意，有小蜜在闹事。"①

为了升迁，一些官员对术数从业者言听计从，甚至不惜改变一方景观：

> 比如在2010年，河北高邑县委大院路口处长期摆放的一架退役歼6歼击机照片，一时成为网络热图。堵死丁字路口正是该县县委书记崔欣元迷信风水的结果，飞机寓意升官发财。而"史上最牛丁字路"的规划，来自一名深得崔欣元信任的"大师"指点，甚至在县委大门修建完成后，还由其亲自验收。
>
> 还有原雅安市委书记徐孟加。其听从大师建议，耗资2000万元建西蜀天梯。公开报道显示，2009年7月2日，"西蜀天梯"工程竣工。官方简介称，西蜀天梯位于雅安金凤山，总长226米多，坡度33度，总高差149米，共计11梯879步，每梯间都安装了寓意深刻的浮雕。官方还称，由于山道崎岖，制约了金凤山公园的开发建设。西蜀天梯落成后，为登金凤山又开辟出一条新的道路。媒体采访得知，雅安官员不这么认为，"原来在金凤山间已经有一条山路连接了山脚和山顶的寺庙，很漂亮"。而坊间更是传闻，这是徐孟加听从"大师"为自己建造的青云梯。2013年12月3日，徐孟加落马，2015年1月，一审被判处有期徒刑十六年。②

对于官员客户的特征，一名经常结交精英的术数从业者告诉我说，找自己占卜的官员经常以礼物代替现金付费。"他们收礼太多，所以更愿意用礼物付费。"在一篇报道中，有术数从业者从客户口碑传播方面指出了官员客户的特点："给官员算命看风水的好处是，看不准他也不会找你麻

---

① 林珊珊、梁为：《风水江湖》，《南方人物周刊》2012年第5期，http：//news.ifeng.com/shendu/nfrwzk/detail_ 2012_ 03/23/13405670_ 0. shtml。

② 温如军：《下跪、算命……那些迷恋"大师"的官员们》，http：//news.ifeng.com/a/20170205/50649319_ 0. shtml。

烦，因为本身也没有准与不准的具体标准可言，风水师很多时候说的都是模棱两可的话。""如果偶然被你预测准了，那这名官员就会从此迷信你。遇到事就会主动找你拿主意，求你帮其分析，久而久之，你就会成为其座上宾。甚至他还会带着邀功的心理把你推荐给他的上司，上司再推荐给上司，从此为你趟开一条在官场畅通无阻的风水之路。"①

通过术数结成的网络会扩展到更大的群体范围内，尤其是政商之间。"利用风水来巧妙地促人脉、人缘，以疏通好和某位官员的关系，是那些精明的商人真正的目的所在"，"作为一个风水师，我清楚自己的角色，我只是他们之间的媒介，看起来很重要，但又与政治无关，不会轻易留下什么把柄"②。

官员、商人、术数从业者结成的社会网络成为利益输送的交通道。术数从业者在客户中扮演的是掮客的角色，商人按照官员的兴趣投其所好介绍术数从业者并提供咨询服务，谈玄论道，来往之间形成一个朋友圈子，为日后的寻租提供了交情基础和社会机缘。

九 工作压力

除了对事业发展的担忧，公务员还承受着许多工作压力，这些压力威胁着其身心健康。辛第一次升官靠的是裙带关系，现在又为下一次升迁而拼命争取政绩。辛说："现在我的压力更大了，多少个晚上都睡不好。（转向妻子）不知道你有没有注意到，我现在总是醒得比你早。如果让我去找人算命，我是不会去的！我没时间！我已经连续三个星期没能在家吃饭了。"

公务员的心理健康问题已经引起普遍关注。工作压力不仅源于工作，在官场"江湖"，官员交心的途径少，又面临工作上巨大的心理压力，所以强烈需要找人倾吐自己的思想感情。笔者的一些信息提供者中，有些术数从业者对干部表示很同情，描述了干部是怎样的孤独，此时术数从业者

---

① 邱筐：《官场风水学》，《方圆》2011 年 7 月刊，http：//news.2008.sina.com.cn/c/2011-07-12/164822801138.shtml。

② 同上。

会是官员很好的倾听者，甚至可以提供有效的问题解决办法。

求助于"异人大师"还源于决定命运的社交网络过于复杂。一位经常为官员占卜的经验丰富的风水大师告诉媒体说："干部就像猴子爬藤，一根藤上许多猴子。抬头看是屁股，朝下看是笑脸，环顾四周都是耳目。"① 在这份报道中，从业者对官员们的生活状态做出很客观冷静的观察："这是一个政治股票时代，他们随时上升，随时跌落，被时代的潮流裹挟着走，自己的命运已经无法用理性来操纵，只能求助于感性的力量。……在官场每一串'藤条'上，每一个人的变动都会带来自我及群体的不安。无论位置高低，他们似乎都难以看清方向，如同在雾蒙蒙的大海里航行，每一个暗礁都有可能让他们人倒船翻。……错综复杂的关系大网中的躁动与不安，身不由己的浮沉之感，是这个隐秘群体消费风水的动因。"②

官员寻求术数的另一普遍动机涉及腐败。担心腐败所导致的惩罚，官员焦虑慌张地寻求算命先生的建议。一位在 S 省给官员占卜很有经验的术数从业者说，"他们从不说细节，只问自己是否有官灾"。官员的"迷信"经常随着腐败一起被媒体曝光。例如，李真，一度闻名全国的年轻贪官，其仕途经历受到全国媒体广泛报道。调查显示，李真不仅在职期间受贿，还花了大笔钱财寻求术数咨询，沉迷迷信。在被抓之前，他所信奉的"大师"告诉李真被抓概率很低，这种心理暗示使李真更为猖狂地收受贿赂，挪用公款。在被逮捕前夕李真收到通知要和几位高级官员开会。李真不知道是否应该逃离中国，因为有传言说他很快会被抓。李真就此寻求之前找过的术数从业者的建议，术数从业者告诉他没有必要担心。然而，李真出席会议后立即被逮捕。③ 一些官员的作为直白地显示出因为贪腐带来的风险加剧了他们对术数从业者的依赖。

《法制晚报》此前报道，广东省政协原主席朱明国特别信奉"大师"，并一直视其为"恩人"。朱明国在海南任职期间曾被人举报，仕途遭遇巨大危机，"大师"连续为其"作法"两天两夜。观海解局注意到，所谓的"作法"，实际是利用其在官场的关系网，助朱明国过关。

---

① 林珊珊、梁为:《风水江湖》，《南方人物周刊》2012 年第 5 期，http：//news.ifeng.com/shendu/nfrwzk/detail_ 2012_ 03/23/13405670_ 0. shtml。

② 同上。

③ 《贪腐官员的"大师"情结》，《楚天都市报》2013 年 7 月 31 日第 32 版。

上述报道还称,朱明国顺利脱险后,专程去感谢"大师",在机场见到"大师"时,当着众人的面给"大师"下跪。每逢过年和"大师"生日,朱明国都会亲自去看望"大师"。2014年11月28日,据中央纪委监察部网站消息,朱明国落马。目前,朱已被判处死刑,缓期两年执行,剥夺政治权利终身。[①]

因无法掌控未来而感到担忧,官员往往会借助宗教和术数活动寻找精神寄托。晋升机制不公平,工作压力大,办公室政治关系复杂,还有腐败带来的担忧,这一切让一些官员没有安全感,成为号称能预测"吉凶"的术数的典型客户群体。

访谈结束时,辛问我美国高中的费用。辛与中国中上层阶级的人想的一样:送孩子到海外去接受更好的教育,甚至移民海外。辛有许多朋友已经把自己十几岁的孩子送到了美国、加拿大、澳大利亚、英国,但辛夫妇的薪资水平还不允许这样做。辛叹了叹气说可能需要靠官运升官后增加收入。

沉迷迷信必然会让人信念动摇,恶化公务员队伍的生态,严重影响执政党的建设。近年来政府对官员在封建迷信方面的惩戒力度加大,2016年1月1日起,新修订的《中国共产党纪律处分条例》正式实施,条例将组织或参加迷信活动纳入违反政治纪律行为,情节严重者可以开除党籍。其中第五十八条规定:"组织迷信活动的,给予撤销党内职务或者留党察看处分;情节严重的,给予开除党籍处分。参加迷信活动,造成不良影响的,给予警告或者严重警告处分;情节较重的,给予撤销党内职务或者留党察看处分;情节严重的,给予开除党籍处分。"条例里的惩治更加有针对性,将有效扼杀迷信之风,同时也应及时关注干部心理与情绪,正视领导干部所处的环境比较棘手而复杂这个客观现实,及时为忍受煎熬、身心高负荷运转的干部解决心理问题。

十 未婚女性

梅把三枚硬币抛了六次后,术数从业者米先生建议梅改变祖坟方向。

[①] 温如军:《下跪、算命……那些迷恋"大师"的官员们》,http://news.ifeng.com/a/20170205/50649319_0.shtml。

米先生接着说，梅第二年会搬家，她母亲可能因为血液循环不好而生病。米先生还建议梅买护身符，因为第二年她的生肖会犯太岁。梅很聪明，直截了当问了术数从业者许多问题。米对她说："你说话的态度太生硬，语气温和一些。"在找米先生占卜前一周，梅刚过了29周岁的生日。梅没心情庆祝生日，而是让自己沉浸在工作中。2013年，梅经历了许多，辞去了北京的记者工作，决定回到父母的公司经营家族事业。

梅很有魅力，经济独立，见多识广。这些特点让梅在大城市中很受追捧，却也让梅难以在L市找到条件合适的对象。L市社会习俗还比较保守，而大多数事业有成的男性已经结婚。梅和前男友看着很般配，但前男友的工作前景并不好。一般而言，中国父母比较传统，非常重视婚姻门当户对，以确保孩子将来过得好。因此，梅的父母不同意她与前男友继续交往，正急于把她介绍给"更合适"的人。

十一 "剩女"

29岁单身的梅被称为"剩女"。"剩女"常用于称呼那些到了适婚年龄还迟迟未婚的职业女性，单身女性对此很苦恼，整个社会对"剩女"也表示担忧。2007年以来，"剩女"一词不断出现在媒体调查报告、新闻报道、专栏、漫画、图片中，给27岁左右以上的单身女性贴上了负面标签。"剩女"普遍会受到周围人给的压力。熟人朋友担心"剩女"的年纪越大越不具优势，父母认为"家里有个老姑娘"丢面子也承受着压力，独生子女政策也增大了这种压力，因为父母把全部注意力都放在了独生子女身上。大龄单身男女的生活有很多烦恼，女性尤甚。在中国，单身女性回家过节的经历让她们感到恐慌，所有人关注的焦点都在单身的自己身上，亲朋好友总是会问是否找到了对象。

单身压力促使单身女性以及她们的亲友向术数从业者咨询未来婚恋状况。"剩女"及其父母在术数的顾客中占比很大。[1] 我拜访了L市一个颇

---

[1] 一般而言，父母比"剩女"更加担忧她们的未来。父母年轻时，人们结婚比现在要早很多，这让父母更加担忧。父母比受过教育的孩子更容易相信占卜等传统民间咨询服务。多数情况下，父母更容易找人占卜。笔者的一个信息提供者说，"早上7点，我被妈妈的电话吵醒，说她一大早就去拜访了算命先生，因为日出前算的结果更准。我很生气，就打电话给我哥。他说妈妈已经张罗了许多日子，算到了好结果才敢告诉你"。

受欢迎的术数从业者,办公室里每天排队等候的20人中至少有5人是咨询婚姻的青年女性和她们的父母。我遇到的绝大多数的术数从业者都认为,大多数青年女性都有共同的担忧:什么时候能遇到合适的人结婚?

世界各地的结婚年龄普遍推迟,亚洲东部地区尤为明显。在日本、韩国等发达国家和中国台湾、香港等发达地区,平均结婚年龄逐年上升,女性29—30岁,男性31—33岁。[①]《商业周刊》(*Businessweek*)的一篇文章显示,1982年25—29岁的中国城市女性只有5%未婚,1995年未婚女性比例增至两倍,2008年几乎增至三倍。[②]

十二 结婚年龄推迟引起的焦虑

梅毕业后在北京找到一份不错的工作,在知名杂志任特稿记者。尽管如此,父母对她的单身状况以及她不是"铁饭碗"的工作越来越感到焦躁,最后说服她回家到旅行社工作。梅妈妈说:"梅不该在北京待这么久!如果早点回家,她的生活就会完全不同。"梅很不耐烦,因为一回到家就被父母安排相亲。梅在北京朋友眼里是一个懂得享受生活的职业女性,可在L市的亲戚眼中却像是一个生活的失败者。"你处男朋友了吗?你喜欢什么样的男生?别太挑剔了!""父母、祖父母、七大姑八大姨总是问这些问题。"在一些术数在线咨询的版面里,有很多因为婚姻迟迟未至而感到焦虑的客户发帖子。例如这一则:"×××老师你好!我的感情一直都挺不顺的,不知道为什么来得快走得也快,快30了婚姻还没着落!都不知道这辈子会不会有家庭,也怕婚姻不幸福,人近30,财运也没有,爱情也没有,觉得自己好失败,至少有一样是好的也有点盼头,真的好绝望啊!希望老师可以给我看看,指点迷津!感谢!解救一下30岁的剩斗士。"

全世界都有一个共同的趋势,职业女性结婚年龄普遍推迟,中国也不

[①] "Asia's Lonely Hearts", *The Economist*, August 20, 2011, accessed July 2, 2014, http://www.economist.com/node/21526350.

[②] Christina Larson,"China's 'Leftover Ladies' Are Anything But", *Businessweek*, August 23, 2012, accessed July 2, 2014, http://www.businessweek.com/articles/2012-08-22/chinas-leftover-ladies-are-anything-but#p1.

例外。2010年上海的未婚群体中46.2%拥有大学或者更高的学历。[1] 受过高等教育的女性使传统宗法结构受到了挑战。[2][3] 中国社会往往要求丈夫在收入水平、受教育程度和经济能力等方面比妻子更加优越。人们认为，收入更高、受教育程度更高、个子更高的女性会让男性很没尊严，很尴尬。追求事业的独立女性会被贴上"女强人"的负面标签，被认为没有女人魅力。"女强人"会因为拒绝奉承和顺从男性（男性习惯女性顺从和奉承他们）而遭到指责。[4] 这让男性不愿选择比自己更成功的女性结婚，同时也促使女性的择偶标准不断提高。社会学家李银河说道："在中国，女性年龄越大、越成功，潜在约会对象就越少。"[5] 对于女性而言，"成功自立"和"理想妻子"之间产生了矛盾：女性需要迎合父母和社会对自己的期望，努力在职场打拼，同时发现自己变得不符合传统家庭角色对女性的要求。

十三　桃花运

在"剩女"的咨询中，最常见的概念是"桃花运"。"桃花运"和婚姻推迟、性吸引力、人格魅力相关。"桃花运"在寻求伴侣的过程中很重要，用于解释个人魅力：例如，某个看起来条件不怎么优越的人却有许多仰慕者，或者某个条件良好的人很难吸引异性，这是因为"桃花运"的不同所致。"桃花运"这个概念被广泛流传和使用，已成为日常语言，预示着恋爱的机会。[6] 未婚女性感到很苦恼，往往向术数从业者寻求提升"桃花运"

---

[1] 上海统计局：《上海的婚姻状况分析》（2011），http://www.stats-sh.gov.cn/fxbg/201110/234457.html。

[2] Sandy To："Understanding Sheng Nu (Leftover Women): The Phenomenon of Late Marriage among Chinese Professional Women", *Symbolic Interaction*, Vol. 36, No. 1, 2013, pp. 1-20.

[3] Elizabeth Morrell and Michael Barr, eds., *Crises and Opportunities: Past, Present and Future: Proceedings of the 18th Biennial Conference of the ASAA* 2010, accessed July 2, 2014, http://asaa.asn.au/ASAA2010/reviewed_papers/.

[4] John Osburg, *Anxious Wealth: Money and Morality among China's New Rich*, Stanford, CA: Stanford University Press, 2013, pp. 151-152.

[5] Christina Larson: "China's 'Leftover Ladies' Are Anything But", *Businessweek*, August 23, 2012, accessed July 2, 2014, http://www.businessweek.com/articles/2012-08-22/chinas-leftover-ladies-are-anything-but#p1.

[6] 一些与"桃花"相关的概念："旺桃花"预示着会很快遇到多个恋人。"桃花"的种类和质量也不相同。"正桃花"代表爱情容易走入婚姻。"烂桃花"意味着会遇到完全不合适的追求者。

的建议。"剩女"还想要知道自己何时会结婚，期待术数从业者预测一段恋爱开始的大概日期，或者可能会在哪一年结婚。有些"剩女"确实有许多机会结识男性，但需要向术数从业者咨询如何在众多男性中做出选择。术数从业者为了赚钱，通常提出一些建议，如改名、买水晶球、戴护身符、改善风水等。成本和难易程度各不相同。女性在房间正确的位置正确的方向放一束鲜花，也许是借助风水提高"桃花运"的最简单的办法。L市一个女孩说，"一天，我在床前发现了一束花，就知道我妈妈又去算命先生那里了"。在术数中提供增加运气的方法，例如改名、购买护身符所要花费的钱财往往比普通咨询昂贵许多，而"剩女"急切地想要提高个人运势，通常愿意付更高的费用（即便会对术数的功效产生怀疑）。

术数从业者经常给客户提一些建议，改变客户的思考和行为方式。例如，在术数实践中，米先生建议梅不要过于直率，就像中国的主流话语，人们更加欣赏安静的、委婉说话的女性。有些术数从业者不仅就顾客的具体情况给出特定的建议，还会结合术数经验和观察进一步发展出一套理论。有位著名术数从业者对许多"剩女"咨询婚姻的行为印象深刻，于是在网上写了篇文章，给焦虑的"剩女"提了一些建议。文章列举了"剩女"的十个特点："困于过去，不愿向前看；态度悲观，对外界漠不关心；完美主义者；过于犹豫；过于注重思想交流；太过直接；过于敏感；太过雄心勃勃；过于天真。"术数从业者希望这篇文章能帮助那些被贴上"剩女"标签的女性调整态度，改掉缺点。这些其实已经超出了术数技能的范围，演变为一种社会观察和评论。而术数从业者之所以写这种评论，则源于他们对所谓"剩女"的熟悉。

应该说明并不是所有婚恋咨询都来自剩女，也有很多合男女八字、占算两人是否应离婚等请求。在术数业中婚恋问题的咨询之多以至于出现了专门的软件以及网站。例如"周易婚配"是一款专业的婚恋情感预测手机应用。该应用宣称由知名周易婚姻算命大师真人在线1对1为顾客批八字、测姻缘、合八字婚配、测感情促婚姻（注意是"促"）。在一个综合的术数网站上"婚姻树"构成一个专门的频道。客户输入自己的八字，就能看到网站返回的个人婚恋的稳定指数、幸福指数、魅力指数、旺（夫）妻指数。婚恋问题贯穿人的一生，并不限于早日结束单身这么简单。但是密集的来自大龄女青年的咨询却反映出社会律令给人生幸福之定义带来的影响：在合适的时间做那个时间应该做的事情，而何时为"合适"则由社会来决定。

梅在 31 岁时，在生意场上结识了一位和她很般配的男士——一个不要求她讲话要委婉的想法开明的生意人，并结婚成家。32 岁那年梅生了孩子，虽然比 L 市的大多数女士晚了很多年，但是梅还是走上了人生的常规模式。剩女的标签，注定对于很多人只是过往。

十四　小结

改革开放以来，经济以前所未有的速度增长，社会流动性也快速提高。人们感到，个体面临的选择和机会更多了。

这一章的民族志描述表明，在 L 市及中国其他地区，个人成功在很大程度上受到外部环境因素的影响。许多社会因素影响着个人成功，社会关系、宗法结构、社会规约仅是其中一些例子。某些人也许能够操纵社会关系，但也必须承认，个人无论怎样努力都要接受更大的社会力量的干预。商界女性可以得到"好运"并获得经济成功，但正如燕的故事一样，商界女性依旧无法摆脱社会力量的制约，如对掌握资源的官员的社会网络的严重依赖，以及必须在人生特定阶段应对社会要求做出特定选择。公务员无法知晓何时能够升迁，对未来感到不安。未婚女性被迫要赶紧在合适的年纪找到结婚对象。社会网络和政策变化往往无规律可循，却会对个人产生重大影响。[①] 社会关系可以使人在生活中错失机会，也可以助人取得成功。社会关系涉及的人太多，容易受到不可预测事件的影响，不易驾驭。当建立在正式制度（如法律制度）基础上的非正式游戏规则透明性降低到一定程度时，事情越发不可预测。

其他的当代民族志研究也证实了这一点。奥斯堡（Osburg）的书中描述了四川省会成都的一些企业家，他们除了担忧商业风险外，还"可能会发现自己竟然走在了政治运动的对立面，人脉广的竞争对手可能会通过国家机构打败他们，国家也可能会找理由直接没收他们的资产"[②]。我问 L 市当地人怎样解释术数的存在，许多人只说："社会太复杂。"用"复

[①] 改革派领导人邓小平有个著名的比喻："改革就像摸着石头过河。"这一比喻表明，尽管市场改革面临许多不确定性，可能会使中国命运发生巨大转变，但国家在改革进程中正在摸索前进。

[②] John Osburg, *Anxious Wealth: Money and Morality among China's New Rich*, Stanford, CA: Stanford University Press, 2013, p. 190.

杂性"解释术数存在似乎还很模糊，但却能够准确反映一个受市场经济和国家管理等多方位影响而不断变化的社会的特征。"复杂性"源于个体、由多重交叉重叠的社会关系造成的权力再分配以及不同领域之间的相互依赖和紧张关系。没有固定模式的社会互动的"复杂性"，构成了像 L 市这样的地方最稳定的日常生活模式，也为术数实践的发展奠定了一定的社会基础。

第四章

术数从业者的道德话语

本章介绍了术数从业者如何对顾客进行道德说教。这些说教以孝道、尊重权威、相信因果报应等本土传统道德准则为依托。尽管术数本质上关注个人权益，说教中的道德准则却把关系置于幸福生活的中心。术数从业者借助道德话语的社会矫正功能来进行职业意义的建构。术数从业者的价值判定和指示，经常被视作无可争辩的事实，使术数成了律令，在人们心目中增强了"此言正确"的感知。

一　术数对伦理关系的强调

L市颇受欢迎的术数从业者郑先生性格随和，常常面带笑容，让人感觉与他交谈很舒服。然而，他在某些情况下会毫不犹豫地批评顾客。一次，一位年轻的女性顾客跟他抱怨父母，郑先生基于对她的情况的判断，在公开场合严厉训斥了她："不能对老的这样。俗话说'老的无过天无过'。等你到了他们的岁数，你也会跟他们一样。告诉他们我占课的结果，过一个月情况就会变好，他们就会放心。"郑先生和L市许多其他术数从业者一样，在为顾客提供建议时关注关系价值而非个人需求。

术数主要关乎个人命运，但术数从业者经常站在传统道德准则的立场发表评论，否定个人欲望。研究发现中国台湾存在偏好传统伦理价值的类似现象。凌坤祯研究了一位执业地点在台湾的术数从业者，记录了从业者与顾客的谈话。凌坤祯发现，当涉及代际关系、夫妻关系时，术数从业者经常要求顾客在对父母和配偶提要求之前首先反思自身。[1]

对关系价值的优先考量还体现于，术数从业者为维护所视为合理的价值观，甚至不惜修改真实的术数结果。譬如，当代中国社会离婚率攀升，夫妻关系的咨询成为常见术数动机。笔者访谈的许多术数从业者试图修复顾客的夫妻关系，并不鼓励个人以解除婚约来追求个人幸福。有位受访对象强调自己常告诫顾客，离婚会让命运更加悲惨。他解释说："对于想离婚的人，不能拆散他们的婚姻。为孩子着想，为整个家庭着想。单亲家庭的孩子总是缺少关爱。"

将德行与顾客的命运、术数从业者的境遇结合有着深厚的民间信仰的支撑。一个调查显示超过77%的城市居民相信因果报应，人们做好事将来会有好的回报。[2] 人们一边需要术数揭示预先被安排好的命运，一边又寄希望于以修行来改变命运的方案。相应的，术数师也会通过"命已定、运可改"、趋吉避凶等原则，"积善之家必有余庆"这样的观念，附加风水、改名之类的技术手段来应对顾客改变命运的需求。因果报应、积善改命等源自宗教的观念在民间已经有了深厚的影响，构成术数师和顾客之间沟通的共同语言。

围绕术数从业者，还有一套建基于"平衡对冲"的是非观在起作用：民间常见一种说法，术数算命，尤其靠此谋财，做了泄露"天机"的事情，从业者要遭受老天爷的惩罚，所以很多算命的是伤残人士。这个说法对术数师构成一种斧正自己行为以及开展道德说教的动力。例如在一个为写字楼办公间做风水勘探的现场，风水师小孙这样向人们解释他的风水业务与自己佛教信仰的关系，"风水一般不能随便做。最重要的是德，才能出来做。如果水平不够，要承担很多因果。我给你催财，需要背负因果。但是我会劝善，修行，把业排出去"。

另一位专研命理的当代作者陆致极总结到，即便是追求客观规律的命理学，也受制于传统思维"主体情和意的主导"[3]，价值判断与事实判断

---

[1] 凌坤祯：《算命行为之分析：以一个紫微斗数算命的观察为例》，硕士学位论文，台湾师范大学教育心理学与心理咨询研究所，1993年。

[2] Xinzhong Yao, *Religious Experience in Contemporary China*, Cardiff, UK: University of Wales Press, 2007, p. 9.

[3] 陆致极：《命运的求索：中国命理学简史及推演方法》，上海书店出版社2014年版，第432页。

难以截然分开。换个角度看，在处理实际技术和伦理的关系时，华人文化圈向来有以道驭术的传统。二者在道德化的文化环境里是互为前提的关系："术"不仅载"道"，"道"还可以是"术"能否有效的前提。总之，术数的社会功能如道德训示、社区整合、秩序恢复，脱离不了用术数实践者的本土世界观来阐释。

二 人伦关系原则弥散在术数知识技术体系中

对关系价值的优先考量深刻地影响了判定何为"好命""好运"。本土术数体系有悠久的知识传承，阅读古今术数技术的教程手册（盲人和灵媒除外），学习世代传承的口诀等是从业的必要训练。这个文本知识体系里对"是非好歹"的判定，除了富裕、有权势等世俗标准外，深深被前现代社会的伦理纲常所浸润。因为术数的主要经典都由前现代社会文人士子所写就。他们的思考必定受到时代、阶层、知识储备的制约。传统社会行为规范，弥散在术数知识技术体系的判定标准、符号关系、推理原则等各个环节和细节中。这套实用性的知识不单在教授技法，也制约着术数从业者的"社会学想象力"。

首先，对"好命"的价值评判预设了术数的前提，对"好命"的"关系式"定义贯穿于推理过程。好命以权势及钱财为世俗取向，受到古代社会重视知识分子官僚，轻视商人的传统影响，好命又首推贵命，以文人常有的"清"命的"格局"为贵，富人的格局虽好却不"贵"，而且属于浑浊的格局。再以女命为例，本土术数里往往以在家庭关系中有助夫荣子贵作为女命里"好命"的标准，这样的女命必然以相对的"弱"为佳境。独立、自强等特征在女命的八字术数里常常被当作负面的表现而加以提示。再看技术细节，术数的逻辑推演常被总结成是"生克制化"的学问，某一个属性若强烈得有另一股力量来制服，各股势力之间达到阴阳五行平衡，"格局"理顺了方是好命。台湾人类学家李亦园特别指出对"致中和"的追求，是古典精英传统和命运术数等民间日常实践的共通点。[①] 他总结说："中国算命的基础原理是追求个人时间与自然空间的合

[①] 李亦园：《文化与修养》，广西师范大学出版社2004年版，第136—202页。

理配合。"① 具体来说，流年与个人命局冲突，平衡被破坏，构成时运不济；空间关系和谐则是所谓好风水；人体不平衡就是中医的病。和谐的社会关系是儒家伦理的至高追求，也是个人世俗生活的最高目标。在这种宇宙观浸润下生活的术数从业者在追索"好命"的答案时特别注重顾客社会关系的维系与制衡。

其次，术数技法里的符号关系是前现代社会家庭和社会伦理关系的类比象征。这个观点受惠于董向慧关于命理学的社会学专著《中国人的命理信仰》。下面引用的命理学古典文献和说明多来自该书。② 以八字为例，八字术数术里把人的出生时间信息按照年月日时四个柱子排列，日柱的日干与其他各柱干支的关系有十种：比肩、劫财、伤官、食神、正财、偏财、正官、七杀、正印、偏印。这十个表示关系的专有名词就称为"十神"。十神和一个人的亲属及其他社会关系都有对应关系。例如，"比肩"和"劫财"在社会关系上就代表：兄弟姐妹、同事、同学、朋友，或有合作、竞争、分歧、承担等意向的人。又如，正官代表男命的女儿、女命的丈夫。不论男女，"正官"也象征管辖这个人的官府。总之每个十神跟日常生活里个人的亲属层和社交层等都有对应。董向慧举了一个例子来说明八字的五行生克制化关系与现实生活中的伦常之间的彼此呼应：

> 在六亲关系图中，正财（妻子）与正印（母亲）虽然都为"吉"，但正财是克正印的。这个时候，七杀（儿子）就有用武之地了。当正财克正印的时候，如果七杀［儿子］出现，正财［妻子］就会去生七杀［儿子］，七杀转而去生正印［母亲］，如此一来，正财［妻子］和正印［母亲］的矛盾通过七杀［儿子］就缓解了。如果将这一五行生克转化为家庭关系，其含义就是：媳妇和婆婆是一对"天敌"，而日主（算命当事人）的儿子，即日主之母的孙子是缓解两者矛盾的"解药"。七杀虽然为凶，但没有七杀，正财和正印就始终处于矛盾中。也就是说，儿子虽然对男人意味着沉重的经济压力，但没有儿子，家庭中的婆媳关系就不会牢固。③

---

① 李亦园：《文化与修养》，广西师范大学出版社2004年版，第202页。
② 董向慧：《中国人的命理信仰》，上海人民出版社2011年版。
③ 同上书，第101页。方括号内容为笔者所加。

伦理生活不同角色之间的张力关系可以看成八字术数逻辑关系的具象化。再比如"君为臣纲"作为推理的模型："岁伤日干，有祸必轻；日犯岁君，灾殃必重——若太岁克日干，谓为父怒子，其情可恕。日克岁君，如子恕父，罪不可赦也。"① 流年对日干，类比于父对子、君对臣的等级关系，前者克后者，虽然对命主不利，却是理所应当的制裁，没有大碍。反过来，如果日干克流年，那么因为以下犯上，断命主有劫难。

术数手册、术数从业者的观点以及术数实践都强调个人履行社会责任本身就是"好运"，尤其是对于女性而言。诸多类似《渊海子平》这类的八字算命古籍都认为，如果一个女人的八字显示丈夫和儿子很有前途，那她自己也会有"好运"，否则将遭受命运的折磨，一生贫穷和孤独。也就是说，女人的命取决于丈夫和儿子，以及能否保持与他们和谐相处。判断女人命运的另一个主要原则是纯洁和顺从。如果一个女人的八字显示她很强势，就暗示着命运悲惨。因此，女人的重要美德是孝顺公婆和父母，支持丈夫和为家庭付出。Szu‐ping Liu 认为，算卦话语里的女性命运"成了针对父权制社会的意义和价值象征"②。

虽然现在对女性家庭地位的态度正在发生巨大变化，术数仍然受传统伦理的影响，在男女之间划出"合适"的行为标准。术数从业者经常劝女性顾客为了"好运"选择顺从。一个自称"半庄先生"的术数从业者在博客上写道："女人的事业在父权社会微不足道。即使现在，如果一位所谓事业有成的女性没有好丈夫、孩子和家庭，那她在传统价值观意义上还是失败者，没有任何社会意义。""当代社会，无论一个年轻女性多么独立和体贴，最终都必然会渴望找到一个好丈夫，获得归属感。"③

年轻的术数从业者本该思想开明，却也难以摆脱上述思维方式。一名大学生经常受邀为同龄的朋友术数算命，他告诉我一些受教育程度高的女性朋友的八字都存在一个普遍问题，就是她们太过独立。他说这会影响她

---

① （宋）徐子平：《渊海子平》，海南出版社 2002 年版，第 174 页。
② Szu‐ping Liu, "The Woman with Broken Palm Lines: Subject, Agency, Fortune‐Telling, and Women in Taiwanese Television Drama", in *Multiple Modernities: Cinemas and Popular Media in Transcultural East Asia*, Jenny K. Lau（ed.），Philadelphia, PA: Temple University Press, 2003, p. 224.
③ 半庄先生："什么样的女性八字有利于丈夫和儿子"，http://www.yidao5.com/article/201108/27/135.shtml。

们的婚姻机缘，使"好运"受限，因为晚婚被视为一个社会"问题"，如果个人行为和同龄群体不一致，当事人会感到很挫败，产生内疚感和压力感。

在术数的理念体系中，视遵循传统秩序为"好运"的判定标准也适用于男性。例如，在八字命理中，有固定的称谓象征着一个人的八字各要素之间的关系。[①] 其中"伤官"代表天资聪慧、雄心勃勃和叛逆倾向。但是，如果八字显示"伤官"遇到了代表权力、威望、威严和控制的"正官"，那此人可能会因挑战现有秩序而承受灾难，因过于独立和漠视权力而付出代价。这仅是儒家伦理思想纳入基本预测的一个例子，术数的推导也在随现代社会现状而更新。有些术数从业者认为，"伤官"暗示一个人很独立，乐于表现自己，可能会给他带来好处。然而，通常而言"伤官"代表好斗的性格，应该改变或受到限制，以使其发挥积极的作用。

人伦、人事向术数技法的渗透，也有一个逐渐深入的过程。再以八字为例，宋代之前，禄命好坏很少涉及人事，宋代徐子平将五行生克类比取象于家庭社会关系，完善了八字技法，也大大普及了八字。《三命通会·卷五·论古人立印食官财名义》这样总结到徐子平的八字体系，"……其理与人事无二，学者明于人事，斯可以言造化矣"[②]。总之，术数师的想象力被传统知识文本滋养，也被这些文本里的社会隐喻支配，前现代社会的一些社会规范传统，在本土术数对顾客的判定中发挥着潜移默化的作用。从而，孝顺、女德等传统伦理色彩浓厚的说教会频繁出现在当代术数语言里。

目前使用本土知识体系的术数技术的术数从业者多数是中年男性。他们比年轻人更熟悉传统道德准则，也更倾向于从说教的角度来阐述自己的观点。相应的，在一些更年轻的术数从业者中，为适应顾客变动的心理需要，更为强调个体自我满足和自我实现的达成，其阅读范围也常扩展到个体心理学、心灵成长，以求捕捉顾客尤其是城市中产女性当下的心理偏好。

---

① "正官"是四柱算命方法（也称"八字"）中"十神"的一神。十神以某一五行为中心，按五行生克关系划分。

② 董向慧：《中国人的命理信仰》，上海人民出版社2011年版，第94页。

三　道德化攀附佛教的案例

L市术数从业者的办公室经常摆放着佛教神灵的雕像。术数从业者常自称是中国佛教信徒，佛教徒正直慈悲的公众形象有助于祛除术数坑蒙拐骗的职业刻板印象。不过也有一些术数从业者内心自认是忠诚的佛教徒，佛教信仰为从业者提供了另一种道德参照，因此佛教伦理经常用于术数咨询。此外，佛教思想已经渗透于中国社会，通常顾客易于接受。

信佛的术数从业者认为佛教教义可以指导术数职业实践，宣称术数的职业责任是救赎他人和劝人向善。术数从业者高女士的一生同时涉及佛教伦理和职业道德。用高女士的原话说，佛教思想与母亲角色以及术数的实践和名声相互交织。高女士最初的术数和佛教实践与她儿子得到术数和佛教的帮助相关。以下是高女士原话：

> 我第一次接触周易术数是因为我的儿子。儿子23岁了，考的公务员。他3岁时，有一次盲人给算卦。说他八字旺，两个极端：要么非常好要么很差，混黑社会。算卦先生说这孩子不愿意学习，要好好教育，或许成大器，要不好好教育很难管教。我在人生过程中，默默关注我的孩子，注意把孩子培养成一个正道上的人。他小时候确实不想学习。五年制小升初确实考不上。我儿子学习不好，考公务员更难。2007年上大学我就开始用周易给他选学校专业，根据八字给他定位。最后给他选的公安。他学习不好，上专科。你走上社会干什么适合什么很重要的。孩子一定要学刑侦，因我儿子"煞"比较旺。
>
> 毕业后考公务员，选培训班又根据五行八字报名。终于到了最后一关就是体测。我儿子体重超重30斤。所有的减肥方法都试过，就是不下来。抽脂也不行。你说我们怎么做？那时离测试还有一个月，用尽了世上各种减肥方法，一直没有降低。最后离测试10天，儿子不吃不喝也没有掉下来。我们就念地藏经，念经求菩萨。等到测试时，体重这项取消了，过关了！我非常感动。一想就掉眼泪。我就开始助印经书。每年七月二十九带孩子去九华山，跟他说"你去把垃圾免费打扫一遍"。这么做也是一种感恩吧。

第四章　术数从业者的道德话语　　85

高女士和儿子的经历极大地促使她信仰佛教，不过她也没忘记强调自己的术数技术在儿子人生中的重要引导作用。高女士现在全心信佛，笔者在她的办公室里看到成堆新印的佛教道德经书。高热切地说她正筹划在老家建一个佛堂：

> 我正在家建佛堂。在我们国家，人们经常遇到一些关系问题，如婆媳争吵。乡村居民很少有机会接触佛教。他们着迷于挣钱，忽略了生活本身的意义。做慈善对家庭和社区都有好处，自身也会受益。等我退休有了时间，我要去传播佛教。

高女士从事算卦行业后发现，许多顾客正遭受着焦虑和抑郁的痛苦，高女士认为她要帮助顾客消除负面情绪。她渐渐发现问题的根源在"心"，认为最有效的治愈方式是帮当事人正确理解中国佛教教义，"我把周易当作传播佛教的平台"。高女士曾劝一位刚和男友分手的顾客不要自杀，给这位顾客看了净空法师的讲座碟片。至少有四位顾客在咨询过高女士后开始信佛。一位中年妇女称高女士为"高姐"，说高姐在她深陷抑郁的时候向她介绍了佛教思想，她的心态因此逐渐改善。

高女士的术数咨询充满了佛教用语。高接到一位顾客的电话，他想给孙子们起名，他和妻子是高的熟人。高女士友好客套地说："你的两个孙子出生时间都很好。你们夫妇修为好，给孙子们带来了福祉，他们会是很有纪律的好孩子。"

总之，高女士把佛教教义作为术数实践的伦理基础之一。她一开始就把自己塑造成虔诚的佛教徒，在术数实践中通过佛教救赎抚慰顾客心灵。她将佛教思想用于术数实践中的方式，归结为一句话："八字是人生行驶的一部车，名字是人生行驶的道路，六爻是人生的导航仪，风水品德积善修行信仰是人生命运的转折点。"

四　道德话语对术数从业者的自我建构

名声不佳的术数需要借助儒、释等"大传统"的道德规范进行职业伦理正当性和社会价值的建构。术数从业者不仅是命运这个封闭的必然性世界和混乱无序的生活世界之间的"摆渡人"，还具有伦理主体意义上的能动性。他们不但能从事情发展轨迹上去"指点"顾客，而且能在道德评判的立场去"教育"顾客，在阐释咨询结果的基础上重塑日常生活的价值意义。顾客对从业者进行预测前瞻能力的信任，为从业者提供了议论事理、开展评判的条件。这种批判性将咨询场景扩展为丰富的社会戏剧。同时"匡正"的实践，让术数从业者感到自己职业具备"即使算不准也有益处"的价值。调节社会关系、阐明事理的属性，又被术数从业者自觉地明确提炼出来，作为让术数在主流社会价值观下显得合情合理的"护身符"。

道德话语能弥补术数结果没有应验的缺陷。高女士在博客中承认了这点："有些人认为我算卦算得准，但我不这么看。为人算卦纯粹是抚慰对方心灵。我帮深陷痛苦的人重获希望与力量。这确实是一个概率事件，管用和不管用各占一半。如果我算得准，顾客会称赞我感谢我。如果算得不准，他们不会怪我，仍然会来找我。算卦的首要功能是心理治疗。"道德判断给术数开启了"道德事实"的领域，使术数从业者得以挣脱对与错的二元对立的束缚。换句话说，术数从业者可以借助道德和宗教思想支撑术数的不确定性特征。

顾客和术数爱好者除了接受术数中的道德信息外，也会对职业术数从业者及其术数结果做出道德判断。小张是个买了很多术数书籍，爱好周易、佛教和儒学等"中国传统文化"的年轻女士。她清楚地向我阐释了对术数的看法：

> 道德修养、积德行善是最重要的事情。一个人能通过做好事改变命运。所以再高明的从业者也无法完全精准地预测你的命运。你应该多读术数书籍。另外，一个算卦先生只追求名利，他就会迷失。一个迷失的人只能产生偏见邪见。真正的大师一般人接触不到。他要么装成一个普通人，要么被精英名流围绕。现在多数算卦的都太商业化了。

在小张看来，好人的命运超越了宿命论决定的范畴。真正的术数从业者在私生活中应该是自律和遵循伦理的，受贪婪的、商业驱动的术数从业者没有资格进行预测，也没有能力预测，因为心术不正必然导致技术有缺陷。就小张而言，术数从业者的堕落是当代商业化的产物。事实上，根据伦理道德评判专家是否合格，是中国历代神秘实践的重要主题。道德作为术数准确的前提出现在孔子的著述①和春秋时期的思想中（前771—前476）。中国最早的叙事史书《左传》记录了春秋时期的历史，书中的穆姜王后认识到，她让朝廷术数从业者给她术数的结果不能按照正常标准阐释，因为她沉溺于各种罪恶之中。② 当代中国，术数结果的道德阐释仍然保留，渗透着儒佛等信仰体系的思想。

道德话语对术数从业者自我合理化的作用，最明显地体现在，术数从业者如何清楚地阐明术数的社会意义。术数从业者承认术数判定影响顾客的日常伦理道德，明确声称术数行业具有积极的价值。他们通常会强调自己的干预对社会关系产生的积极作用，譬如成功挽救顾客的婚姻以及通过改名改造"问题"青少年。一些术数从业者认为术数咨询的真正价值不仅在于术数预测，还在于术数预测给顾客提供的经营社会关系的机会。术数从业者付先生举例说，"我们区有个青年社会名流，婚姻家庭出现问题，调理风水后喜事连连。第二天两口子不吵闹了，女的身体疾病自愈。我自己说，到底风水还是什么作用？我自己觉得风水不是主要，心理上的，或者周易促进人心理能量的释放才是主要原理。"

术数从业者也试图利用官方意识形态和术语对职业进行合法化。笔者在田野调查期间，建设"和谐社会"正达到高潮。"和谐社会"自2005年首次提出后不久就在全国各地的横幅上随处可见。时任国家主席胡锦涛在全国人民代表大会发表的一次讲话中提到，"孔子说过：'和为贵'"。观察人员注意到，"自那时起，'和谐社会'与'和谐世界'就成了党的领导的准则以及国内外政策的基础"。胡锦涛指出，和谐社会是"民主法治、公平正义、诚信友爱、充满活力、安定有序、人与自然和谐相处的社会"③。这个标志性理念，将治理的社会工程重点从经济增长转向社会全面协调、和谐有序发展。对稳定的强调也是在包括冲突和不平等等社会问题不断出现的背景下提出的。为了捍卫自己的社会价值，消除术数的"封建迷信"和"坑蒙拐骗"等负面形象，术数从业者群体试图攀附"和谐"，在描述自己职业时要强调其在社会调和方面发挥的作用。术数从业

---

① 林忠军：《孔子儒学视域中的筮占观》，《学术月刊》2010年第12期。
② 金春风：《周易经传梳理与郭店楚简思想梳理》，台湾古籍出版公司2003年版。
③ 胡锦涛：《在省部级主要领导干部提高构建社会主义和谐社会能力专题研讨会上的讲话》，《人民日报》2005年6月27日。

者孙先生是笔者的一个重要的信息提供者,他围绕自己的术数经历讲了许多术数故事,最后面露微笑宽慰地总结说,"我们给社会带来了和谐"。另外一些术数从业者也提到"和谐"是术数的哲学基础。话语的选择不是建立在术数的知识基础之上,而是借用了官方宣传工作中的话语。

退休政府官员刘先生的经历最能体现术数从业者和爱好者们,如何试图去协调术数和主流意识形态之间的关系。刘先生虽然想保持低调,但很多人知道他爱好风水和起名。当父亲要他接受笔者的访谈时,他婉拒了许多次,担心被贴上迷信官员的标签。最后他终于勉强答应了。政府官员和术数实践者的双重身份让他感到不安,他急切地想让笔者看到这两者之间的联系。刘先生告诉笔者,"《易经》的核心是和谐。当前的口号'和谐社会'与此完全吻合。如果我们能从正面理解,《易经》对于社会和个人都有很大的益处"。

术数的道德话语只有在顾客认识到之后才会生效。从人际角度来看,如果对术数半信半疑的顾客意识到术数从业者给出的建议是一种观点,而非基于术数技术得到的结论,他也就更容易接受术数从业者的建议。如果术数咨询与道德操守相关,顾客回访的意愿会提高。笔者经常听到这样的评论:"他给出的建议就像是出自普通人,而不是算命的。""与算命先生交谈就像是在和老师或朋友分享想法,但是感情不会受到伤害,也不会感到尴尬,因为算命先生是陌生人。""术数让我有机会倾吐内心想法,并得到陌生人的一些建议,而且隐私不会受到侵犯。"笔者曾和一位女性公务员谈自己的课题,可她没有发表太多评论。为了促使她讲话,我半开玩笑,装作遗憾地说:"术数没那么重要。"作为经常拜访术数从业者的人,她严肃地答道:"至少术数劝人行善。"

术数从业者可以凭借信誉享有盛名,吸引长期客户。这就是为什么高明的术数从业者给人以"大师"的印象,不仅以术数方法闻名,还以"灵魂工程师"或"心灵园丁"赢得名声。一位中年家庭妇女承认自己经常拜访某个术数从业者,因为她感觉这位从业者"不像其他术数从业者那样投机取巧,他知道我的故事,并引导我做出合适的行为。我愿意听他讲话,像尊敬师长一样尊敬他"。有魅力的术数从业者可与各类顾客耐心亲切交谈,对人非常了解,针对顾客的个人特征和情况采用不同的术数策略。凌坤祯的研究显示,一位女性在回忆起住在另一城市的术数从业者给予她的支持时,甚至会感动得掉眼泪。术数从业者告诉她,她永远都可以找他寻求帮助,因为他感到有责任帮她摆脱困难。[1] 顾客拜访术数从业者不仅是为了算卦或预测未来,还为了得到安慰和引导。

如果顾客把术数从业者提供的良好行为规范和建议当作合理的,那么术数从业者就达到了顾客的道德和社会期望。尽管社会在发生变化,但在近代以来混杂的道德体系中,人们仍然根据记忆和责任对价值进行定义和判断。[2] 这一原理让术数从业者的道德建议——大多都很保守——能够为顾客所接受并影响顾客的日常生活。

五 道德话语帮助从业者在咨询中建立权威地位

术数从业者有时会以家长的口吻劝顾客改变行为或思想,这在像中国这样拥有传统道德准则的权威社会并不罕见。如果术数从业者是男性,并且比顾客年长,那他就会按照当地习俗进行道德指导。而且,术数从业者会因"专家"地位在提供建议时对顾客发号施令。术数从业者受道德和宗教力量支持,想把自己塑造为不仅是一位职业人士,还是充满智慧和正义的有修养的人,这在术数从业者和顾客之间建立了一种等级关系。

大量的道德话语不仅存在于纯粹的术数对话中,也充斥在顾客与术数师的闲谈里。在一般术数情景中,一些谈话内容已经自动溢出术数的业务内容进入私人交流空间。顾客开始以被术数的问题出发,将自己生活中更多的麻烦或不愉快倾诉给术数师。后者不可避免地进入一个倾听者和建议者的角色。这里术数师以一个陌生人或熟人的身份与顾客谈论彼此的事情,例如 L 市城西开术数门店的刘老师说:"很多人就喜欢来我这拉呱(方言意为聊天),每次说完了都感到很透亮实在。"一些术数师凭借对命理、神秘玄学的知识,从业经历所积攒的社会阅历,以及个人修养风范,被顾客抬入轻则知己重则导师的地位。尤其一些术数师喜谈玄论佛,其涵养吸引了很多有类似爱好的回头客,家中大小事宜都要来请益。下面案例里,术数师老杨是个脱离了单位,在乡下开中医馆的中年男人。市区的一对夫妇不但家中阳宅阴宅风水、佛教节日等都来请术数师老杨斟酌,甚至

---

[1] 凌坤祯:《算命行为之分析:以一个紫微斗数算命的观察为例》,硕士学位论文,台湾师范大学教育心理学与心理咨询研究所,1993 年。

[2] Ellen Oxfeld, *Drink Water, but Remember the Source: Moral discourse in a Chinese Village*, Berkeley, CA: University of California Press, 2010.

其朋友夫妻关系闹矛盾时，也叫朋友去找他们所推崇的老杨聊天，请其开导。下文是这对夫妻公务员朋友老柯和术数师老杨的对话记录。

柯：年轻时我顺从我老婆，后来成了她的话我必须服从。

杨：你要是这样，你就违反了大道之理，物极必反。你太顺着她了，那你是有意攀缘造成的。不如随缘。

柯：她跟我结婚孩子出生后我感觉很幸福，她就觉得不幸福。她说当时瞎眼了找我。

杨：当时瞎眼了也是你的命运所造。

柯：得正确引导她。什么法都试过。

杨：她利用这个平衡她自己。一肚子不满，就自己平衡。按照因果，她来这里。你没说实话。你也不可能承认这个事情。你从哪个事情上你没有说实话。虽然没有什么，但是她也说不出来，她就别处找平衡。你就认为她有问题。你也检查自己。

柯：我脾气急。

杨：你忏悔啊。你做到了，因果就解除了。

柯：冤枉得难受。

杨：你背的因果，她给你消因果的。如意的多了，你没修到那个程度，你修行不行。叫人修得好的，贪去了。你就得再回去。今生今世，你不改观点你不得自由，就怕你不干。

老柯在上述情境里一直在向同龄人老杨表达自己家庭生活中的不满情绪。老杨显然已将自我角色从同龄人成功地上升为"玄学家"，援引因果、修行等道理劝解老柯。事后老柯抱怨说"怎么被他数落一顿"，这个抱怨背后的意思是老柯一个有更高社会地位的公务员却被一个没有正式工作的同龄人教训。但在具体的对谈情景中我们发现老柯在老杨的谈玄论佛面前找不到发难的突破口。术数从业者之所以能做出居高临下的指点姿态，是因为在术数咨询的场景里，他们首先临时占据了一个知识技术专家权威的地位；再占据道德高地，术数从业者就不仅是知识和技术专家，也是道德权威。从而一个更饱满的等级关系就在术数从业者和顾客之间建立起来了。术数师从出售日常实用技术的"师傅"，变成了交往日益稠密的心理咨询师，甚至可以在一些忠实的顾客那里上升到讨论存在与人生意义的"导师"的高度。这个逐步升级的过程,可以看作一种伦理自我的构成(ethical autopoiesis)[1]。

另外,从认识论的角度看,事实与价值判断合流,客观上使术数在主流社会价值体系中合乎价值理性。这种言之凿凿的道德信号能够弥补没有应验的或模棱两可的判断。术数实际上借用了道德和宗教领域的信用来佐助事实判断,也调整着术数对话双方的权力关系。笔者在调查期间应亲友要求为他们提供一些术数服务时,发现自己也会不由自主地掺进一些讲理和劝说,这些举措,不仅是出于为对方福祉的考虑,也明显能增加笔者自己在做判定时的信心——"我的判断可能和事实判断有误,但讲理肯定是不错的,我在术数中临时获得的权威地位得以维护"。通过在实然领域和应然领域之间来回往复,术数圈定了自己的"真值"领地。

然而,需要注意术数从业者并不总是遵循传统。术数不能一味坚持教条,顾客命运具有个体差异,与实际生活相关。一些年轻的术数从业者已接受了心理健康和情感幸福的思想。这些思想为中国传统术数所忽略。一个典型的例子是,30岁出头的张先生认为术数的主要目的不是家庭美德,而是求得最大的幸福,包括一段关系中个人的情感幸福:

> 术数和阴阳相关,本质上和情感依附无关。而在中国,术数不可避免地和家庭关爱交织在一起,对这些的认真考虑对顾客很有帮助。如果夫妻有分歧,你必须全面考虑,把孩子和家庭考虑在内。例如,一对夫妇28岁结婚,第二年生下孩子,30岁时又离了婚。女人非常重视精神交流,而男人看重物质方面。我会建议他们在孩子五岁之前不要离婚。如果现在离婚,孩子和父母就不会有情感上的依附,这样的话他们会感到很伤心。

六 小结

中国传统思想通常区分"道"与"术"。如著名的原则"以道驭术"所述,背后没有"道"支撑,则"术"之应用就不完善。"术"的

---

[1] James D. Faubion, *An Anthropology of Ethics*, Cambridge, New York: Cambridge University Press, 2011, p. 27.

应用需有伦理基础,并且受到道德规范的约束。术数作为一套实用的"术",由超然的学说所支配。术数在主流社会价值体系中本身并没有预设一整套道德和哲学原则,也不会提出革命性的主张。所以"大传统"的道会灌注于术数术中,影响了社会有关好运的价值和选择。这与杨庆堃(C. K. Yang)的观点一致,民间信仰不是占统治地位的独立的道德机构,而是传统道德秩序的组成部分。① 换言之,术数从业者在流行信仰实践的"小传统"与儒释道等"大传统"之间架起了一个桥接。"大传统"规定的伦理立场很容易体现在家庭、地方和政治层面的象征和仪式方面,而术数是基于这一立场的传达道德信息的通道之一。

人类学研究表明,术数从业者通过道德判断不仅揭露了未知,还将已知事实整合进一个连贯的体系里,即理解阐释当地世界,重建社会互惠。② 有关亚非术数实践的民族志显示,③ 术数从业者经常按需使用指导性和警告性命题解决问题。术数从业者不仅预测顾客的未来,还会在社交道德范围内对顾客进行判断和劝说。术数从业者通过重塑个人道德倾向帮助顾客摆脱困境,因为在日常生活中,"贪婪、欲望、嫉妒、愤怒和侵略所驱动的权力与支配关系往往是冲突核心"④。

维克多·特纳(Victor Turner)关于恩丹布人(Ndembu)占卜的经典论述最能说明这一点。特纳揭示了部落的占卜师可以在当地群体中调节社会关系,在道德规范体系中控告某人或证明某人清白。因此占卜师扮演着重要角色,尤其是在缺少政治集约治理的社会,他们是部落道德体系的维护者和社会关系失调的修正者。⑤ 然而,与恩丹布社会的术数不同,本章

---

① C. K. Yang, *Religion in Chinese society*: *A Study of Contemporary Social Functions of Religion and Some of Their Historical Factors*, Berkeley, Los Angeles, CA: University of California Press, 1967, p. 278.

② James Fernandez, "Afterwords", in *African Divination Systems*: *Ways of Knowing*, Philip M. Peek (ed.), Bloomington, IN: Indiana University Press, 1991, pp. 213 – 223.

③ Philip M. Peek, ed. *African Divination Systems*: *Ways of Knowing*, Bloomington, IN: Indiana University Press, 1991; Jean E. DeBernardi, *The Way That Lives in the Heart*: *Chinese Popular Religion and Spirit Mediums in Penang*, Malaysia, Stanford, CA: Stanford University Press, 2006.

④ Vibeke Steffen, "Crisis as Deferred Closure: Clairvoyant Counselling in Contemporary Danish Society", *Anthropology & Medicine*, Vol. 20, No. 2, 2013, p. 200.

⑤ Victor Turner, *Revelation and Divination in Ndembu Ritual*, Ithaca, NY: Cornell University Press, 1975.

所讨论的术数以高度依赖文本的传统为基础。[1] 更重要的是，中国的术数与恩丹布社会天然具有合法性的占卜形成对比，需要在政治和道德方面努力建构自我存在的合理性。除了倾向于使用关系导向的行为准则教导顾客，术数从业者也会明确利用孝道、因果报应和善缘等修辞话语帮助提升自己的公众形象和术数的声誉。中国当代术数从业者必须证明术数的伦理价值，同时还必须经常表现为传统道德的守护者。面对周遭的社会和政治环境，术数从业者甚至把行业话语调整成强调社会和谐的口号。

道德话语也塑造了术数从业者与顾客之间的等级关系。在术数咨询时，术数从业者通过道德权威占据了高位，虽然他们对事实陈述和情况预测可能会发生错误。术数从业者通过把事实和价值混在一起，巧妙避免了事实陈述发生错误时受到质疑的尴尬，因为道德和宗教宣扬总是"正确的"。此外，术数咨询不仅影响了顾客的道德推理，而且也成为术数从业者一方的伦理主体的形成过程，首先临时占据了一个知识技术专家的权威地位，接着借用法比昂的话，"伦理自我"的形成过程把术数从业者从出售日常实用技术的"师傅"，变成了心理咨询师，甚至可以在一些忠实的顾客那里上升到讨论存在与人生意义的"导师"的高度。[2]

一些研究流露出对中国道德环境恶化的担忧。阎云翔认为中国正面临社会信任的下降，[3] 慈继伟将对享乐的追逐看作文化创伤的后果。[4] 阎云翔进一步认为基于奋斗的伦理来自对成功的焦虑。[5] 以富贵为好命特点的本土术数之流行在一定程度上反映了这个趋势，调查中术数从业者普遍发现求财咨询近年大量增长，也印证了上述结论。但是术数的流行也加深了我们对所谓道德滑坡新的理解。术数关注个人实利，即便如此，其奠定性的学理原则以各项关系达到内外相互平衡为前提，引导人们去思考他们的

---

[1] David Zeitlyn, "Finding Meaning in the Text: The Process of Interpretation in Text – Based Divination", *Journal of Royal Anthropological Institute*, Vol. 7, No. 2, 2001.

[2] James D. Faubion, *An Anthropology of Ethics*, Cambridge, New York, NY: Cambridge University Press, 2011.

[3] Yunxiang Yan, "The Good Samaritan's New Trouble: A Study of the Changing Moral Landscape in Contemporary China", *Social Anthropology*, Vol. 17, No. 1, 2009.

[4] Jiwei Ci, *Dialectic of the Chinese Revolution: From Utopianism to Hedonism*, Stanford, CA: Stanford University Press, 1995.

[5] Yunxiang Yan, "The Changing Moral Landscape", in *Deep China: The Moral Life of the Person*, eds. Arthur Kleinman, Yunxiang Yan, Jing Jun, Berkeley, LA, London: University of California Press, pp. 36 – 77.

社会角色。当代新自由主义式的"自我"定义认为,人作为理性、计算的生物,其道德自治是依据自我关照与自我实现的能力来衡量的。① 本土术数复合的命运观破坏又支持这种自治的立场。术数在天意、命运的脉络里承认个人能动性的局限性,以"命运不由人"的理念摘除了压在个人头上的沉重负担,同时术数又强调人需要"为自己负责",通过伦理修为来正命、改命,求得个人成功。术数为现代性的个体伦理提供了替代性的却又不全然颠覆的解释方案,这或许是术数在现代社会流行的一个缘由。

---

① Wendy Brown, *Edgework: Critical Essays on Knowledge and Politics*, Princeton, NJ: Princeton University Press, 2005.

第五章

术数与"传统文化"

正如上文所讨论的,中国的术数被视为非理性的、教育受限的人乐于从事的落后迷信活动。术数从业者则热衷于将术数描述为一种宝贵的"传统文化"和文化遗产。几百年来,术数从业者一直强调《易经》是术数的知识和哲学基础,通过与《易经》研究结合,术数从业者借助旨在弘扬中国传统文化的新兴社会运动"国学热"来争取术数的合法地位。

这一章首先简要介绍《易经》的内容、与术数的联系和社会声誉。其次,作者将探讨《易经》和术数相关实践如何与科学建立联系。此外,文化民族主义也被用于寻求术数的政治合法地位,术数从业者认定自己是弘扬"传统文化"的代表,并阐明"传统文化"的话语与文化民族主义有关。作者也对"国学热"进行了简要解释,阐述了"传统文化"当前的较高地位,并分析了术数实践如何与"传统文化"和"国学热"确立关系。本章最后分析了"传统文化"对术数合法化产生的影响,包括术数从业者利用知识提高社会地位和收入、借用主流意识形态获得更多支持。

一 《易经》作为术数的代称

L市街头有许多术数机构的招牌上都含有"周易"或"易学"二字。"周易"和"易学"均指向《易经》。"周易"字面意思是"周代的变化","易经"字面意思是"变化的经典",二者经常互换使用,指的是同一本书。《易经》这部经典可追溯到公元前3000年至公元前2000年,原是一本占卜类书籍,对六条水平线或六个爻组成的卦进行解释。爻分阴爻和阳爻,阴爻一画,阳爻两画,六个爻组成六十四卦。书中以儒家有关政治、社会关系和修身的思想为基础，对每个卦做了注解。准确地说，《周易》指可以追溯到青铜时代的文献，而《易经》则指后来经孔子注解的作品。《易经》《诗经》《尚书》《礼记》《春秋》在汉代（前206—220年）统称为儒家的"五经"。术数从业者的办公桌上经常摆放着大量书籍，给人一种饱读古书的印象。这些书中肯定有一本是《易经》。术数与《易经》的结合已经成为惯例，术数从业者和作者初次见面时总要长篇大论赞颂《易经》。有些人的确终生痴迷于研读书中深奥难懂的语句，有些人其实只略知皮毛，只是反复强调着周易之伟大。

《易经》通常玄秘晦涩，自汉代兴起"易学"以来，许多思想家对这本书做了不同的解读。到了汉末，《易经》的解读"使《易经》成为宇宙观和君主理论的宝库，影响力扩大，越来越接近一本集成书籍。解读者的解读方法两千年来一直是宇宙观的讨论重点"①。因此，《易经》的意义不只是早期的术数手册，还在于它发展了中国普遍的哲学和世界观，包括相互依存、变化、物质存在的偶然性等思想。《易经》及其相关思想"也适用于宇宙观、天文学、政治学、社会及社会制度、伦理学、身心健康和个人幸福等许多方面"②。对中国知识分子而言，《易经》在中国传统文化的重要性就如同《圣经》在西方的地位。

《易经》学术地位高，公众影响力大，为术数提供了庇护。因为书中内容模糊晦涩，术数从业者几乎能用任何方式加以解释，这也进一步增加了文本本身的神秘性。术数也借此躲过了审查和监督。在中国历史上，职业术数从业者似乎总是借助《易经》的模糊特征，把各种术数技术看成《易经》研究的分支，把术数描述成基于宇宙循环、规则和运动思想发展出来的对命运和未来的解读。如今，术数经常同《易经》相关字眼一起出现，如"易经咨询"和"周易预测"。术数类书籍的书名也经常含有《易经》相关字眼。改革开放初期有一本邵伟华写的术数畅销书，叫作《周易与预测学》。在与陌生人讨论他们的职业时，术数从业者总是以"易经研究者"之类的名号自称，称同行为"易友"。"易经"二字越来越等同于"术数"。"有人不相信《易经》"实际上是指"有人不相信术数"。

---

① G. E. R. Lloyd, and Nathan Sivin, *The Way and the Word: Science and Medicine in Early China and Greece*, New Heaven, CT: Yale University Press, 2002, pp. 253 – 273.

② Karyn Lai, *An Introduction to Chinese Philosophy*, Cambridge, UK, New York: Cambridge University Press, 2008, p. 200.

第五章 术数与"传统文化"

事实上，许多术数方法与《易经》毫无关联。譬如，术数从业者经常用于解释各种现象的五行，是汉代才发展出来的一种系统的世界观，与《易经》原本没有关系。汉代的京房建立纳甲体系，八卦分阴阳、六位，配五行，术数才有了沿用至今的架构，尽管一直延续至今的卜卦是《易经》的本质功能。很久以来，无论是儒家学派还是共产主义，知识界和正统话语都批评了把术数与《易经》等经典之间联系起来的做法。《易经》研究和中国哲学的权威朱伯崑曾在1996年的一次会议上发表讲话，批评了把术数当成传统文化精髓、古代智慧结晶和科学预测来源的流行做法。朱先生说，所谓"占得准"不过是利用概率愚弄大众的方式。他认为，许多术数技术已经脱离《易经》，更多地靠五行和天干地支得出一些牵强附会、不合逻辑的结论。在他看来，当代的术数明显是易经术数退化后的附庸。[①]

但是，朱先生的观点是少数派，对术数实践的影响有限。术数仍是《易经》最吸引普通百姓的地方，术数实践已成为强大的传统，笔者在田野调查期间遇到许多没有接受过术数服务的人，他们问笔者术数是否受到《易经》的启发，可见即使从未向术数从业者咨询的人，也认为《易经》和术数密切相关。

《易经》在20世纪70年代之前都被视为"封建迷信"，直到80年代的改革开放时期才得以恢复神圣地位。那时的知识分子对各种文化问题都有着浓厚的兴趣和热情，引起了广泛的社会反响，称为"文化热"。1984—1989年，中国文化及其在现代化进程中的角色成为人们讨论的热点。"文化热"期间出现了富有创造力的新的易经学术，许多《易经》研究相关书籍、文章、会议、机构涌现出来，"易经热"或"周易热"在80年代末和90年代遍布整个中国。那时，所有书店都能找到《易经》这本书。大众热情高涨，最终促使人们相信《易经》蕴含着巨大的智慧和预测力，并且揭示了自然和社会的秘密和真相。《易经》在人们心目中的地位高到无以复加，被称为"博大精深""经典之极""大道之源""取之不尽的知识财富"。有些人甚至认为在古代，是外星人把《易经》传到了地球上。

[①] 朱伯崑：《发扬科学思维　发扬王充精神》，《自然辩证法研究》1996年第4期，第60—62页。

《易经》在20世纪80年代获得了较高的地位，因此中国当代许多术数从业者把不相关的术数形式，例如抽签、看相等，与《易经》结合，甚至认为这是一门"学科"。虽然"易经热"后来退却，但术数从业者仍把《易经》当作庇护所，继续传播着它的神秘性和捍卫着其智慧的超越性。

二 《易经》在术数从业者自我建构中发挥的自我建构作用

术数面临的一个指责是，指导思想基于超自然的因果关系的谬论，从而不够可靠。在迷信和科学之间设定了一种对立关系，如同封建和现代、落后和发达的对立关系。受五四运动和马克思主义政治话语的影响，"科学"一词的中文含义涵盖着"正义""正确""可信"和"可靠"。科学思维的价值特别体现于它在社会工程方面的潜力。改革开放以来，科学技术已成为实现中国发展目标的关键因素。20世纪80年代中国领导人邓小平宣布"科学技术是第一生产力"。胡锦涛执政期间（2002—2013）社会经济发展的指导方针是"科学发展观"。术数因而经常被看作站在高速发展的现代社会的先决条件——科学理性主义的反面。

然而，普通百姓并不认为术数和科学之间存在很大差别。1996年一项全国性调查显示，受访者中仅有32.6%认为术数是科学的对立面，25%认为二者毫不相关，8.4%认为二者实际上相互补充，32.7%对二者之间的关系没有清晰的认识。[1] 这一结果表明许多人没有把术数与科学对立起来，而认为二者之间有可能建立起某种联系或并行不悖。

20世纪80年代以来兴起两种将《易经》描述成"科学"的方式。第一种是，人们认为这本智慧经典巨著可能不属于任何科学分支，但可以作为科学的灵感引导科学研究。一些学者因此指出《易经》与医学、数学和历法学等中国传统科学存在联系。有些人还试图展示《易经》与线性代数、量子力学、分子生物学和计算机编码等西方现代科学的联系。术数从业者普遍引用的最著名的观点是易经与二进制之间的关系。中国流行

---

[1] 中国科协管理科学研究中心研究部：《中国公众对未知现象等有关问题的看法》，《中国科技论坛》1997年第4期。

一种观点,莱布尼茨(Leibniz)在读了耶稣会士的书中有关中国术数的记录后才发明了二进制算术。计算机运算基于二进制,术数从业者因此得出结论,计算机发明受到了《易经》的启发。有研究者经考证指出,上述说法附会性较强,《易经》和莱布尼茨二进制算术没有直接联系。①

第二种是,强调《易经》和科学之间假设性的共同原则,把术数引入科学领域。这一观点强调《易经》基于对空间、时间和命运的观察,利用阴阳五行的严密图式进行逻辑推理。支持者还称术数运用了实证性分析;一些术数从业者直接把术数技术称为"预测研究",以获取科学光环。一本关于四柱(也称"八字术数")的畅销书在前言中这样写道:

> 四柱预测法研究是中国古代重要的一项预测科学发明。四柱预测法把天干地支和阴阳五行引入人体研究,以获得当事人的个人信息。术数从业者可以探测到顾客阴阳五行中的"气"进而对其未来做出预测……四柱预测法研究在预测未来方面十分惊人。术数具有深厚的科学理论和实践价值,引发了国内外学者的极大关注。这种预测方法属于科学而非"封建迷信",是辩证唯物主义而非唯心主义。②

《易经》因此成为一门超科学,它不仅是"科学",还是一种无所不在的智慧,可以引导科学前沿研究。宗树人在一本有关"气功热"的书中写道,中国"科学意识形态建立在千年末世论之上:旧的腐朽文化将被摧毁,被拯救人类的新科学文明所代替。科学可以创造奇迹,是控制宇宙无形力量的关键。科学将拯救中国,'气功'是中国科学"③。同时期的出版物中也可以找到"易经热"的类似表述,即周易是东方文明古国在与西方竞争过程中弯道超车的智慧秘籍。

除了对《易经》的科学化,有些人还凭借流行的多元主义把术数作

---

① 孙小礼:《关于莱布尼茨的一个误传与他对中国易图的解释与猜想》,《自然辩证法通讯》1999 年第 2 期,第 252—280 页;李存山:《莱布尼茨的二进制与易经》,《中国文化研究》2000 年第 3 期,第 139—144 页。

② 邵伟华:《四柱预测学》,中国敦煌文艺出版社 1995 年版,第 3 页。此处翻译自英文,与原文中文有出入。

③ David Palmer, *Qigong Fever: Body, Science, and Utopia in China*, New York: Columbia University Press, 2007, p. 94.

为科学的补充。支持者认为,《易经》的推理方法与西方科学完全不同,并对后者的权威提出质疑。他们断定,《易经》作为一种宇宙观的推理形式可以同术数一起作为科学的补充,因为科学本身是不完整、不完美的,不能解释所有现象。一些术数从业者认为科学瞬息万变,因此没有理由认为某些东西本质上是"不科学的"。

这种对术数的信心(尽管术数被认为是不科学的)也常见于对术数持怀疑态度但不时会去购买术数服务的顾客。顾客在谈论术数的价值时经常提及自己的神秘体验,并强调这些超自然现象永远无法用科学解释。许多顾客认为术数从业者的预测有时非常准确,可以掌握陌生人不可能了解的个人隐私。例如有些顾客说道:"算卦先生说我五岁时把胳膊肘摔伤了。我不记得有这件事,也不相信他的话,但母亲后来告诉我这件事的时候,我感到非常惊讶。""算卦先生说我背上有颗痣。太神了,连我妻子都没注意到这点。"顾客认为,理性不能解释这些真实的罕见现象,但超自然方法可以解释,因此顾客断定超自然技术形成了与科学对等的解释体系。政府工作人员荣先生讲述了一件他妹妹在母亲葬礼上被已故父亲魂魄附身的事。"我妹妹突然像父亲一样说话。连音色和声音的细微变化都一样。科学没法解释,我很震惊。我是共产党员,一直相信唯物主义,而这一经历超过了唯物主义的范围。自那之后,我开始相信心灵感应和精神,并对术数产生了兴趣。"

如果我们试图理解这些不把术数和科学理性对立起来的观点,就容易走向把这些观点与近年来中国全球化和现代化的普遍特征——文化独特性结合起来的领域。宗树人关于"气功热"的论述,以及"气功热"与中国反殖民主义情绪的关系也同样适用于《易经》。气功和《易经》实践者均宣称"回归传统智慧将使中国超越西方科学"[1]。与此相似,《易经》和术数的合法化话语也与民族主义密切相关。人们认为《易经》孕育了中华文明,是全人类的宝贵财富;《易经》是独特的理性体系,让中国在面对奠定西方过去优越性基础的科学时,找到替代性的信心来源。此外,宗教和民间信仰等文化本质主义的复兴,也与近二十年来社会主义国家民

---

[1] David Palmer, *Qigong Fever: Body, Science, and Utopia in China*, New York: Columbia University Press, 2007, p. 94.

族认同和文化民族主义的复兴有关。①② 2000 年以来中国传统文化的狂热追求推动了本质主义的发展。第三节将介绍这个现象背后的思想动力即中国近年来的文化民族主义，然后详细阐述术数从业者如何在当代社会条件下借助传统文化的权威性和合法性，进行自我身份建构。

三 文化民族主义

与许多第三世界国家一样，从 19 世纪末开始，中国不断与外国侵略和压迫进行斗争。19 世纪和 20 世纪初，中国的历史在民族主义意识形态的框架中有规律地展开，并被记录在官方历史与民间记忆里：一个世纪以来受到西方列强、日本帝国主义的侵略屈辱，现在是时候振兴中国并恢复中国应有的话语权了。

"民族性是当今政治生活中最普遍的合法价值。"③ 中国民族主义的讨论经常涵盖三个方面：官方层面、知识分子话语和民间。民族主义有助于维护政治稳定和民族团结。④ 民族主义也普遍存在于知识分子话语中，并渗透在民间的民粹化的爱国主义情绪中。经济和智力上有优势的精英阶层也对现代化的民族主义话语有积极的回应。中国不但要在政治经济领域里崛起，在精神领域也会如此。⑤ 文化民族主义跨越三个层面，将中国传统文化价值观视为中华民族的精髓，把文化复兴同民族复兴结合起来。提升中国软实力的举措进一步激发了这一兴趣，在中国的国际关系和国内政治中赋予了传统文化新的角色。传统文化获得的地位并非单纯的从上到下的动员结果，21 世纪的民族主义世界观深刻地影响人们如何在全球视野下去看待处理包括中国传统宇宙观和方术在内的传统文化。

---

① Uradyn E. Bulag, *Nationalism and Hybridity in Mongolia*, Oxford: Clarendon Press, 1998.

② Philip Taylor, *Goddess on the Rise: Pilgrimage and Popular Religion in Vietnam*, Honolulu: University of Hawaii Press, 2004.

③ Benedict Anderson, *Imagined Communities: Reflections on the Origin and Spread of Nationalis*, London: Verso, 1991, p. 3.

④ Suisheng Zhao, *A Nation - state by Construction : Dynamics of Modern Chinese Nationalism*, Stanford, CA: Stanford University Press, 2004, p. 29.

⑤ Nanlai, Cao, "Raising the Quality of Belief. Suzhi and the Production of an Elite Protestantism," *China Perspectives*, No. 4, 2009.

四 "传统文化"得到支持和推广

20世纪50年代、60年代、70年代的极端政治运动破坏了传统文化。"迷信"概念不断重复，广为人知，任何带上"迷信"标签的活动都被谴责阻碍了国家社会主义建设。70年代末的改革告别了激进主义，迎来了对待传统文化更加积极的态度。许多人支持保留某些传统思想，即"取其精华去其糟粕"。知识分子的典型观点是："中国有许多优秀传统文化，如果加入新的元素，就可以在当前得以复兴和发展，在中国重建进程中发挥积极作用。"[1] 更重要的是，西方资本主义社会有许多弱点和弊端，人们认为中国应该在强大的过程中，通过强化传统优良品质来规避这些不足，走自己的富强道路。

近年来一系列社会经济发展战略重申了弘扬中国民族文化的必要性，显然希望把传统与社会主义遗产进行融合。但是"传统文化"的具体内容，特别是"优秀"的标准难以确定，哪些传统文化应该被推广，哪些应该被压制并没有固定统一的标准。这就给一些原本被打压的包括术数在内的民间信仰与实践，提供了"借壳上市"的机会。术数通过与"传统文化"结合，打上了当代民族主义的烙印，特别是在"国学"运动期间又甚嚣尘上。中国知识界追求"国学"的历史有100年以上，"'国学'开始于清朝最后十年，此后成为旨在促进中华民族统一的积极追寻。'国学热'在20世纪40年代到60年代革命期间有所退却，但90年代以后又在学者与公众中得以复苏"[2]。"国学院"和国学研究中心相继设立，旨在推广传统文化的出版物、博客、学习小组、网站、脱口秀节目、电视讲座、夏令营等也大量涌现出来。

"国学热"运动经常提到国家主义（或民族主义）。"国家"相关字眼在术语中有明显体现：中国画叫"国画"，京剧和其他地方戏剧统称为"国剧"，普通话叫"国语"，中国药叫"国药"，中国的武术叫"国术"等。与世界上许多国家对传统的彰显相似，"国学热"运动中的本土主义

---

[1] Zhongyun Zi, "The Relationship of Chinese Traditional Culture to the Modernization of China: an Introduction to the Current Discussion", *Asian Survey*, Vol. 27, No. 4, 1987, p. 448.

[2] Arif Dirlik, "Guoxue National Learning in the Age of Global Modernity", *China Perspectives*, No. 1, 2011, p. 4.

范式把传统文化视作民族认同的核心，但中国经济的成功给国学运动中的本土主义和爱国主义注入了新的力量。

一些知名大学以"国学"为名为职业经理提供费用高昂的商业培训课程，许多价格不菲的少儿国学课程在全国各地设立。① 私立国学班会包括许多民族文化相关话题，如新禅修或古代乐器学习等。这反映了传统文化的公众需求，也体现出传统文化与民族主义和现代经济活动的有机融合，以及后现代时期人们对个人发展和精神成长的强烈关注——学习是为了更完善的自我，而这种完善措施可以购买获取。

"易经热"和"国学热"的兴起背景是一个自20世纪初以来中国人普遍感受到的张力：拥护现代科学主义，但难以接受全部照搬西方社会；以古老文明为傲，但为其孱弱感到羞耻。② 因此，"易经热"关系到中国在进一步对世界开放和急需依靠科学进步赶超他国的现代化进程中如何认识自己的问题。"国学热"与中国命运息息相关，反映出人们对国家和民族地位的关切，同时鼓励人们在现代化占上风的全球化时代，认同中国的传统文化，建立身份认同，在本土文化基础上建立身份的自信。

五　术数对"传统文化"和"国学"的攀缘

《易经》毫无疑问是一部国学经典著作，术数可以凭借与《易经》的联系进入国学领域。术数甚至不用借助《易经》，只称和包罗万象的传统文化有关系就能保证在"国学"俱乐部的地位。术数从业者可以通过"国学"改变它落后、封建迷信的典型公众形象，变身为对中国民族认同至关重要的传统文化先锋。这一转变最明显地体现在从业者的职业描述向官方认可的范畴靠拢。

虽然对术数的知识体系是否为遗产之一种，术数行为是否为"文化糟粕"仍有争议，但术数从业者经常借用官方保护传统的口号，宣称术数作为一种"传统文化"，应该获得一些政治合法性。譬如，术数从业者严先生认为，普通百姓在日常生活中会有意无意地运用术数知识。严先生

---

①　Jiaming Chen, "The National Studies Craze: The Phenomena, the Controversies, and Some Reflections", *China Perspectives*, No.1, 2011.

②　Vincent Goossaert and David A. Palmer, *The Religious Question in Modern China*, Chicago: University of Chicago Press, 2011.

补充道:"我国呼吁保护传统文化。术数不是迷信,是一种重要的传统文化。"有时人们甚至会使用"国家文化"这样更有保护性的字眼,例如,成员大多是术数从业者的 L 市易经研究协会,曾起名为"国家文化研究协会 L 市分会"。

多数职业术数从业者使用本土术数方法,他们在对知识体系"中国性"的主张中体现了国学运动的本土主义,并自认灌注了中华民族的精髓。术数从业者经常为西方生活方式占主导地位感到遗憾,批评传统文化的缺失。例如,一位术数从业者抱怨道:"年轻人都喜欢西方占星术,大谈特谈白羊座、金牛座、狮子座,却对阴阳五行知之甚少。多可悲啊!"术数从业者的职业意义从而增加了一层传统文化捍卫者的形象。有些术数从业者秉持更加务实的态度,认为"传统"本身为中性,不应受到赞扬或批评,但"传统"的概念仍为术数提供了支持。

国学的公开讨论为职业术数从业者、术数顾客和术数爱好者提供了有利的平台。随着国学在社会空前普及,许多术数从业者借助国学的概念描述他们的职业。术数从业者经常就国学的话题开展公开讲座,有时还会为观众现场提供术数服务以吸引潜在客户。例如,一位术数从业者在网站上这样介绍他的业务:

> 我们的机构旨在传播传统文化和"国学"。我们为大众培养对中国传统文化的兴趣提供了机会。我们提供的服务精选了对社会有益的传统智慧。

传统文化具有无可指摘的正当性,作为"传统文化"之一的术数,在从业者眼里自然也就获取了合法性。况且这种"传统文化"宣称能指点迷津,颇受大众欢迎。《易经》的公开讲座和日常生活应用受到企业家的追捧,经常作为管理培训课程或工商管理硕士课程内容。笔者听一位术数从业者在演讲中说道,《易经》对企业管理有三方面影响:

> 第一,指明方向。《易经》引发的思考为管理提供了价值和理论指导。第二,进行调整。《易经》可以规范内外环境,使员工主动性和创造性实现最大化,让各种关系得以和谐。第三,提供预测。《易经》帮助企业者规避风险,为人力资源管理、市场规划、货币供

和管理策略等提供坚实而明确的基础。

这种授课模式在《易经》这部经典与商业管理之间建立了联系，注重通过辩证思维和经典伦理思想来阐发管理原则。下面一段话来自笔者在北京参加的另一个讲座：

> "易"有三层含义：简单、变化、不变。《易经》的三大原则同时也是现代管理的基本原则和中国哲学的精髓。
>
> 简单：宇宙中的一切无论表面看起来多么深奥难懂，其基本法则都是简单明了的。现代管理倾向于简单化。制度化、标准化、信息化和大众化都是简化管理的常规方式。信任也可以简化管理，如果公司采取信任战略，就能与客户、供应商和员工建立密切关系，并能打败竞争对手。
>
> 变化：宇宙中的一切都在不断发生变化。理解这一点就能认识到灵活在生活中的重要性，继而可以采取正确的态度应对各种情况。通常，企业领导比员工更喜欢变化。领导者往往富有创造性，乐于接受挑战，而员工则更习惯于现状。一个团队通常有15%的人喜欢改变，管理者应该好好利用这些人，使其发挥推动改变的能动性。
>
> 不变：虽然宇宙的一切似乎都在不断改变，但所有的变化都共有一个永恒法则，一个不因时空变化的中心法则。虽然游戏规则天天都在改变，但个人和机构的价值不会变。如果我们保持优势，就能在一个快速变化的世界中求得生存。

一些讲座为了吸引观众也教授一些基本术数知识。风水和面相技巧因为在生活中很实用总是很受观众欢迎。有时，讲座有关管理的内容结束后会伴有现场术数服务。术数从业者通过分析某位观众的八字给出一些建议，譬如，什么是最赚钱的投资行业、下属的最佳循环信号、企业标志的吉祥色等。在所有这些实践中，术数在获得民族文化的合法外衣后，又接着和人们的切身利益紧密相连。在价值和实用性上，术数实践都显得如鱼得水。

六 《易经》与传统文化对术数的影响

《易经》研究是国学的重要方面，海内外汉学家也围绕术数做了大量学术研究。与学术界的密切关系有助于术数知识权威的确立，甚至能够提升术数从业者在经济精英和政治精英心中的公众形象。术数从业者需要通过参加会议、加入研究协会、结识知名学者以增强自身的"知识"资格。术数经常遭到污名化和边缘化，而且往往和没学问的人联系在一起，因此术数职业的知识化也对术数从业者自身至关重要。术数从业者的"研究者"身份具有社会价值，意图向人暗示他们具备保护和传播传统文化的能力。对于主要依靠归纳推理和书面解释的传统的术数从业者而言，术数知识的较高社会地位既有助于行业声誉，也有助于吸引顾客。但是术数的知识化对灵媒类实践者的影响较小。

一些术数从业者，特别是经常参加公共活动的从业者，进一步宣称自己是"易经大师"，而不是普通研究者。他们经常身穿本土化的、忠实于中国生活方式的传统服饰。其中一些男性从业者往往都留着齐肩发，给人一种"大师"的印象。他们喜欢谈论中国哲学，炫耀自己对儒释道的了解。他们也经常对经济快速发展导致的中国传统文化的丧失表示担忧。一些高明的术数从业者有时也应邀到海外华人社区讲学。笔者的两位信息提供者对把客户源扩展到拥有大量中国移民的澳大利亚和北美地区有着浓厚的兴趣。

许多"大师"经常给人一种日进斗金的印象，人们因此对他们的学术声誉产生怀疑。术数从业者在金钱方面的成功表明，商业化在近期传统文化复兴中发挥了重要的作用。德里克指出，虽然国学可以视为拯救文化商品化的解药，但讽刺的是，这种知识传播本身就是一种文化消费品。[①] 一位当代韩国的术数研究者指出，即使命运这样显然不可变的确定事物，也必须在市场体系中采取流动的方式与其他商品进行交换。[②] 市场甚至催生了职业规划和大众传媒行业的细分。因此，术数从业者的收入不再局限

[①] Arif Dirlik, "Guoxue National Learning in the Age of Global Modernity", *China Perspectives*, No. 1, 2011.

[②] David J. Kim, *Divining Capital: Spectral Returns and the Commodification of Fate in South Korea*, PhD dissertation, Columbia University, 2009.

于提供术数咨询，还可以通过培训和著书获得收入。

传统文化和民族主义的联结让术数从业者更热衷于去攀附主流意识形态。术数从业者经常引用国家高层的官方文本和口号，包括从领导人讲话中断章取义。这些做法让术数从业者的社会组织，看起来像《易经》和"国学"一样因为是"传统文化"、推动"社会和谐"而得到国家支持。这些论述不仅仅偷换了概念，将术数实践通过周易嫁接到国学，自我归类为传统文化虽然没有逻辑漏洞，但传统文化是否都有合理性也缺少必要的论证。

国家对民间宗教和术数实践仍有强制限制。什么是先进文化，什么传统文化应该加以保护和宣扬，什么应该被废除，都有越发清晰的标准。民间信仰一旦越过党和国家的底线就会遭到打击。术数实践会在一些时期受到严厉审查，术数类书籍的出版明显遭到限制。官方声明对传统文化予以积极的再评价，但仍严厉打击迷信等活动。术数因此仍然处于灰色地带，虽然术数从业者自视为传统文化的组成部分，但不具法律地位。近几十年来，术数凭借"易经热"和"国学热"迅速发展成为一个行业，但这一景象时刻会引起政府的注意和干预。

七　小结

本章叙述了把术数和《易经》联系起来的尝试性做法，讨论了支持者如何把术数识解为传统文化和"国学"的组成部分，从而利用保守主义和民族主义生成的合法性进行自我建构。

本土宇宙观和强势的科学话语在社会思想中并没有普遍对立起来，而是互补性或并行的关系。大众对《易经》和"国学热"的兴趣可以视为与历史和集体认同重新结合的意图。对全球文化同质化的反弹抵抗等社会条件为此铺平了道路。中国民族主义和国家主义的复兴与其他国家不同，社会主义意识形态、科学和反迷信的立场更为坚定。

社会条件的不断变化给习俗赋予了多层含义。[1] 文化政治化非常普

---

[1] Maurice Bloch, *From Blessing to Violence: History and Ideology in the Circumcision Ritual of the Merina*. Cambridge, UK: Cambridge University Press, 1986.

遍，文化不断被重塑以适应新的条件和环境。① 术数通过在不同的时代与不同的思想产生联系，如 20 世纪 90 年代的科学主义和 21 世纪初的传统文化，这显示了它的灵活性。这里的关键不仅在于意义的嫁接，还在于主流价值观如何自定义。相比政治合法性方面的谨小慎微，术数从业者在社会地位的寻求中表现出极大的灵活性。

---

① Quỳnh P. Phạm, *Hero and Deity: Tran Hung Dao and the Resurgence of Popular Religion in Vietnam*, Chiang Mai: Mekong Press, 2009.

第六章

术数与心理咨询

许多人听到笔者在研究术数从业者时会自然而然地给出他们对术数实践的看法，诸多看法中最常见的一类，则是对术数实际功能的最简洁总结："术数就是心理咨询。"全国性调查显示，15.6%的被调查者承认术数从业者具备提供心理安抚的能力。[①] 笔者的受访者在讨论为什么有的人会去使用术数服务但其实这个人不一定相信术数时，也常常认为术数实际起到的是个人心理咨询的作用。一些术数从业者则在术数和心理学之间做出明确类比，假设二者之间具有等同关系，借此提高自己行业的科学有效性和声望。

本章首先叙述了术数如何借鉴心理咨询的话语和实践，继而讨论了心理咨询师对这一做法的反应，论证了术数从业者之所以能建立起与心理咨询的关系，源于两个行业在建制化程度上均不完善。最后，笔者基于自己的观察并从术数顾客的角度出发，考察了术数与心理咨询的不同点和相同点。

一 术数从业者关于心理咨询的观点

那些对心理咨询没有概念的术数从业者不会公开谈论心理学，也不会使用心理学术语。但是他们使用的日常用语和行话仍然暗示了他们认为术数实践具有心理作用。例如，术数从业者这样说道，"我让他们感觉好一

[①] 中国科协：《第三次"中国公众对未知现象等有关问题的看法的抽样调查"报告》，载中国科协促进自然科学与社会科学联盟专门委员会编《透视现代迷信》，科学出版社2005年版，第193—229页。

点", "他们说和我交谈后心情舒展了", "顾客对我说和我聊天感到很'透实'（方言，即清爽而舒服）", "一些顾客经常来找我聊天"。

受教育程度较高的术数从业者熟悉现代科学的应用，会把心理疗法或心理咨询融入自己的职业角色中。许多术数店面的招牌和术数从业者的名片明确把"心理咨询"和"人生指导"列入服务项目。对于一些术数从业者而言，术数和心理咨询的界限非常模糊，以至于他们不自觉地把二者等同起来。笔者甚至遇到过一个行业新手在犹豫应该投资做心理咨询还是术数，从而向大家征求意见。一些术数从业者十分推崇心理咨询，甚至参加了注册心理咨询资格考试。例如，医生付先生是一家位于市郊的私立医院老板，利用大部分业余时间经营位于市中心的一处术数办公室。付先生的名片上印有"国家三级心理咨询师"，他解释了心理咨询和心理疗法纳入术数的重要性。

> 我告诉过我的术数学习班的学员多去接触心理学。首先是合法性，合法性非常重要，现在是法治国家，如果不合法，从事什么行业都不行。开车有驾驶证，行医有行医资格证，心理咨询也有证。笔者有一次开会和一些台湾与会者交谈，他们说他们有自己的行会和一位行业认可的风水师。但在中国大陆，这是个盲区。没有术数行会，也没有专门的管理机构。民政部门和商务局都没把术数列入监督范围。术数门槛因此过低，谁都可以术数，这是很大的弊端。一些不懂术数只知道骗钱的不合格的术数从业者让整个术数行业带上了"迷信"的标签。

付先生对术数的合法性和低准入门槛的担忧说明了术数行业面临的信誉问题。他的不满源于术数在任何行业都需制度化和合法化的现代社会中所遇到的不便和限制。付先生期待监管良好的业务领域出现，认为如果排除了不符合资格的人，术数的行业质量和声誉将会得以改善。

许多术数从业者认为没有必要获得官方授权或建立制度体系，而是满意于术数作为精神问题的替代解决方案的现状。张先生承认人们在中国迫切需要心理援助，但同时对当前心理咨询的公众接受度并不买账：

> 一些术数从业者和算卦先生能帮顾客解惑，但也有一些人是为了

骗钱。术数代替了西方心理学的地位。一项调查说 30% 的中国人有心理问题,但是心理医生占总人口的比例很低,可能是十万个人里有一个?远远跟不上需求。咱们国家的心理咨询不是很有前景,现在刚刚起步,离标准化还很远,算命就成替代了。

张先生是位半盲术数从业者,没有受过教育,没办法进入正规机构工作,所以对术数提供心理咨询的制度设计与资格准入,他没有付先生那么敏感,只对术数在解决个人心理问题上所起的效果本身感到满意。

还有些术数从业者认为,术数的作用是同时迎合社会新潮流和满足客户需求。钟先生支持这一观点并且透露了自己读过许多心理学普及读物,他强调他的顾客特别是年轻女性也很喜欢读这些书。他说:"中国经典的八字算卦需要改进以满足时代要求,要考虑到现代人的心理特点。"

一篇博客文章表达了术数与心理咨询结合的更大胆的想法,这篇文章题为"算命准吗?我们应该怎样看待命理?"根据该网站统计数据,文章发布后两年内,阅读量达到 35051 次,评论数 545 条,这还不包括文章的转载情况。文章作者朱先生讲述了自己和其他术数从业者的争论,其中一些人坚持认为应该把术数的确切结果告诉顾客。但是朱先生认为不好的术数结果会让顾客感到不安,所以这种情况下会选择不告诉顾客,甚至装作自己不能做出正确分析。"对坚强的人,不妨说真话,让他及早预防。但对于脆弱的人,命师说话还是要适度一点,委婉一点,既不能失其真,也不可直言相告,说你明年必定遇大凶、破大财什么的,不要事情还没有发生,先要了人家半条命。除此以外,还要告诉他们怎样正确地看待命理、看待生活,切不可悲观丧气,自暴自弃。""一个真正成功的和有责任感的命师,既要给人正确预测将来的命运,并教给人改运的方法,又要传递给人以积极乐观的生活态度;既要做高水平的预测师,更要做有责任的命运心理咨询师和指导师,让悲伤的人变得快乐,让颓废的人变得积极,让极端的人变得平和,这才是一个命师的真正责任。"[①]

朱先生代表了那些通过把术数与个人心理治疗结合,而自视为助人者的改革者。张先生等一些术数从业者对术数和现代心理疗法的区别感到很

---

① 朱算子:《朱算子谈命理:算命准吗?我们应该怎样看待命理?》,http://blog.sina.com.cn/s/blog_ 4a4f32b90102xp9b.html。

适应，而付先生等另一些术数从业者迫切希望融入主流机构，获得合法地位和尊重，把不合格的职业术数从业者祛除出去。

一个地方盲人协会（中国残疾人联合会监管下的半官方机构）主席在《中国残疾人》杂志上发表文章，建议通过官方承认术数和心理咨询之间的联系把"迷信"转换为现代智慧。文章题为"把'算命先生'改造成心理咨询师"①，开篇指出许多盲人在从事算卦工作，但他们的智慧和技能不足以担负起安抚人心的责任。作者因此提出了教授给盲人术数从业者"现代心理学知识"②的宏伟计划，目的是让他们最后转变成满足职业要求的心理咨询师。文章批判了术数存在太多神秘和迷信元素这一现象，但随后又强调传统知识对术数的价值。"算命业的理论来自于《周易》和《鬼谷子》。《周易》是我国劳动人民数千年智慧与实践的结晶，它反映了自然和社会现象中的辩证规律，用阴阳学说阐述自然和谐与社会和谐。"③ 文章认为，数千年智慧与现代心理学知识的结合会让盲人术数从业者比其他从业者更具优势。文章还认为，这一做法如果实现，盲人的严重失业问题就能得到解决，进而促进社会和谐。

这篇文章把术数看作带有"迷信"污点的传统实用知识，认为传统是承载智慧的一种文化资本。而咨询是一种现代的、先进的科学文化资源。作者认为通过专业的咨询培训对传统术数知识进行"现代化"提升改造，有益于解决就业，从而有益于整个社会实现社会和谐。用现代科学改造封建糟粕，让二者嫁接的思路是出于帮扶困难群体的民生需要而发展出来的。然而缺乏建制化的资质认可体系，盲人执业的合法性依旧欠缺。不管是算命式的心理咨询还是带有心理咨询性质的算命，严格地将算命从心理咨询中剥离出来也存在操作上的困难。

二 咨询师对心理咨询的界定

一些心理咨询师和心理学家虽然承认未经专业培训的术数从业者具有分析顾客问题和安抚顾客的能力，但他们对术数从业者的态度相当消极。

---

① 王志成：《把算命先生改造成心理咨询师》，《中国残疾人》2007年第10期。
② 同上。
③ 同上。

一位心理咨询师向笔者诉说许多人听到她是心理咨询师都会惊呼："心理咨询师？厉害！你肯定能从我说话方式看出一切。天呐，我得在你面前闭嘴。"她总是得强调心理咨询师和术数从业者不同。她说她把这段不愉快的经历发表在网上后，一些同事回复说自己也有类似经历。心理咨询师专业杂志有几篇文章也表达了同样的忧虑。著名心理咨询师吴迪在博客中以自嘲的方式表达了对术数的否定态度：

> 算命的很多的话你觉得准，是因为笼统，你可以对号入座……性格决定命运，人格特质决定命运，我就知道我绝对没有发财的命，因为①胆子小……②做事、工作凭兴趣，而不是看哪行最赚钱。③喜悠闲，怕没日没夜地干。④生性散漫，相信人生如戏，万事都不值得太较真……在钱上完全没有冒险精神……我绝对没有发财的命。虽然我也常常叫唤我要去做算命的，挣大钱，但是我知道，我没那个命啊。[①]

吴迪否定了术数的有效性，把正确的术数结果归因于心理作用，如"对号入座"。她还认为术数从业者是靠不正当途径发财的贪婪的骗子。心理咨询师可能会因为别人把他们和"术数从业者"这样受歧视的群体混为一谈而感到"受辱"，但是心理咨询本身作为一个发展迅速但还未被广泛接受的行业，在中国的处境是尴尬的。心理咨询与术数服务共享了许多相同点。付先生可能不知道他对术数合法性和低准入门槛的担忧，也存在于他所仰慕的心理咨询行业。

三　心理咨询：需要标准化的新领域

心理咨询作为面向公众的服务，20世纪80年代改革开放后才在中国出现和被人认可。心理咨询最初是精神病院的治疗方法，用于对康复患者及家属提供后续指导。后来，精神病院和综合性医院都将心理咨询纳入了诊治范围，诊治对象不限于精神病患者，还包括那些心理问题影响到健康的人。目前在中国，"心理健康"比"精神健康"更常用，后者通常暗指

---

① 吴迪：《算命和心理咨询》，http://blog.sina.com.cn/s/blog_48b2fa410100e8l7.html。

更严重的精神障碍和临床症状。此外,独立的咨询机构开始兴起。心理咨询热线在20世纪90年代早期逐渐在大城市出现。越来越多有关"心理健康"的书面话语普及了这一概念,推广了相关咨询服务。

为了确定当代中国社会心理咨询作为"问题"的变化轨迹,作者检索了1990—2012年《人民日报》所发表的文章标题中"心理健康"一词出现的频率。20世纪90年代心理健康相关报道仅有8篇,2000—2005年有28篇,而2006—2012年增加至42篇。一般而言,90年代有关心理健康的公共教育主要围绕心理健康定义的解释,以及如何辨别和诊断精神疾病。报道最初关注的群体是青少年和大学生,但过去5年扩大了报道的范围,关注干部、司机、农民工、教师等各个行业群体心理健康的文章目前已经见诸媒体。

与官方和公众对心理健康的关注相对应,有关心理咨询的学术研究也越来越多。一项研究①发现,中国生物医学数据库在1995年以前以"心理咨询"为关键字的文章只有7篇。这些文章都与精神病院和综合性医院的临床服务有关,文章作者均来自大中型城市。1995—1999年,这类文章达到44篇,而2000—2006年增加至155篇。文章内容的涵盖面越来越广,话题范围更加广泛,例如,心理咨询热线和学校心理咨询等话题。当前也开始出现来自小型城市机构的文章作者。

一些公开数据也引起了中国政府和社会对个人和广大公民心理健康的普遍重视。据估计,精神障碍和自杀到2020年将占到医疗病例的20.2%,成为中国主要的健康负担。② 公众也注意到自杀率和离婚率在最近十年里急剧攀升。③ 许多中国人认为,社会转型期快节奏的现代生活方式和竞争激烈的市场经济对人的精神健康造成了不良影响。"心理健康"已经成为公众关注焦点,政府当局和普通大众因此开始把心理健康和心理治疗看作严重问题。2000年以来,私人咨询服务业也迅速发展。咨询中心、培训机构和家庭治疗工作坊不仅存在于北京和上海等大城市,还普及

---

① 范青:《中国心理咨询的发展与现状》,《上海精神医学》2006年第1期。
② 韦盛中、张玲、杨丽:《精神疾病负担的研究进展》,《中华行为医学与脑科学杂志》2010年第5期。
③ Michael R. Phillips, Xianyun Li, and Zhang Yanping, "Suicide Rates in China, 1995 – 99", *The Lancet*, Vol. 359 (9309), 2002, pp. 835 – 840. 李晓宏:《中国离婚率已连续7年递增》,《人民日报》, http://news.ifeng.com/mainland/detail_ 2011_ 06/02/6774335_ 0. shtml.

于中小型城市。人力资源和社会保障部 2001 年首次制定心理咨询职业标准，并将心理咨询师正式列入《中华人民共和国职业分类大典》。《中国精神卫生工作规划（2002—2010 年）》要求到 2010 年 50% 的县级医院能提供临床咨询服务，并向公众普及精神健康知识。这些政策表明未来将出现更全面的针对心理咨询的推广措施。

与心理咨询师的巨大潜在市场对应，人们对于获得职业技能鉴定中心认定的心理咨询师从业资格的需求量也很大。2005 年以来，想要进入心理咨询行业的人需要首先通过职业技能鉴定中心的统考。参加心理咨询师职业资格考试的考生人数迅速增长，心理咨询师培训市场快速发展。有数据显示，心理咨询师培训市场从 2003 年起就以每年 50% 的速度增长，迄今已有大约 200 万人参加咨询师考试，超过 100 万人通过短训获得了心理咨询师资格。而同时，快速发展导致的行业乱象也如期显现。[①] 考生具有专业大学专科及以上学历证书可参加考试，并且考试之前必须完成一些课程学习。但是不合格的职业培训和规定却未能跟上心理咨询行业的迅速发展趋势。据媒体报道，培训机构不关心所需学分是否修够，只想招收尽可能多的学生收取学费。考试本身重视理论而非实践，通过率很高，一些培训机构甚至承诺只要交学费就能保证考试通过。许多学员不去上培训课，没有达到课程要求就参加考试，却也拿到了培训证书。一项 2004 年有关医院心理咨询师的调查显示，32.84% 的人不到半年就完成了培训，52.99% 的人上了一年多的培训课，14.18% 的人从未接受过培训。[②]

心理咨询师分三个等级。国家规定持有较低水平资格证书的人只能从事助理工作，但事实上许多人作为心理咨询师独立工作。这说明心理咨询师在实践方面并不具备真正的专业技能。因此，一些专家告诉笔者咨询行业急需审查和监管。一篇官方健康类报纸的报道总结了这个行业的乱象：

> 归属不明。目前心理咨询师的管理和考核归人社部管，这与心理咨询师真正的性质有一定偏差。祝卓宏说，人社部管理的技术人员通常为美容美发、足疗等服务业的技工类人才，但心理咨询师属于知识

[①] 张芳：《心理咨询师，合格的太少》，《生命时报》，http://gs.people.com.cn/n2/2017/0621/c183356-30360264.html。

[②] 张宁、李箕君、袁勇贵：《心理咨询的现状调查》，《健康心理学杂志》2001 年第 5 期。

型专业人才，从业者至少应当是本科以上学历，这与普通的服务类行业完全不同，理应与所有医务人员一样，划归卫计委管理，以保证其较高的专业性。

报考门槛太低。按照人社部规定，心理、医学、教育及相关专业毕业生均可报考心理咨询师。"'相关专业'这几个字把范围无限扩大了，报考者的基础水平很难保证。"据统计，国家心理咨询师证书已经发放出去107万左右，但真正合格且专业的数量很少。

监管机构不明。为心理咨询机构发放执照的上级主管部门，在各地存在差异。比如，有些省市是由工商局发放，其注册名称通常是某某有限责任公司，经营范围包括心理咨询；有些省市则是由民政局发放，名称通常为某某机构或组织，主要负责健康教育及研究工作。

继续教育缺失。心理咨询师的性质在某些方面与医生类似，因此也应遵循考核、认证、注册、年审、继续教育等行业管理规范。但现在，心理咨询师只要考试通过，拿到证书就结束了。医学生进入医院，需要在上级医生的带领下，从实习医生逐渐成长为合格住院医师。心理咨询师真正上岗之前，也应像医生一样接受一定时长的上级咨询师督导。但现在除上海外，其他地区都没有督导时长的要求。[①]

总之，快速发展的咨询领域早期吸引了社会各阶层人士参与其中。这一发展趋势造成的影响好坏参半，促进了精神心理健康和心理治疗的发展，推动了心理学学科的发展和应用。但是心理咨询作为一个高盈利行业，其低准入门槛和管理缺陷让一些从业者能够以假乱真。心理咨询市场的混乱造成了术数从业者和心理咨询师两个群体的竞争，混淆了两个行业之间的界限。有心理咨询打着咨询的幌子做易经占卜，也有术数从业者如前文所述将自己业务定位为心理咨询。

四 术数与心理咨询的异同

顾客与专家面对面交流解决个人问题，这是心理咨询和术数共有的基

---

① 张芳：《心理咨询师，合格的太少》，《生命时报》，http://gs.people.com.cn/n2/2017/0621/c183356-30360264.html。

本沟通结构。心理咨询和术数的共同点还在于二者均具有疗愈效果，咨询师和术数从业者对顾客表现出关怀照顾，往往会受到顾客感激。下面的故事里，一位台湾地区女性顾客非常重视术数从业者所给予的关怀。

> 我第一次到南方去见我现在的算命先生时，他跟我说了很多话。他既没有责怪我也没有要求我改变自己，而是谈一些其他的问题。我很尊敬我的算命先生，因为他比较专业，而且尊重别人。他委婉地阐述了我所经历的事情以及我和父母子女遇到的各种情况。他把事情的正反面告诉我，让我自己做选择。
>
> 我能感到他对我的关怀，很温暖。他说："你要相信我会支持你。"我当时觉得一辈子都不会忘记这句话！真的很难忘，那种感觉，你知道吗？没有人，甚至连我父母都从来没有和我说过他们会支持我！我记得他说出这句话时我哭啊哭（感到十分宽慰），他告诉我他能轻易看出某人是否有生命危险。
>
> 也许我很幸运，我遇到的算卦先生都很有同情心。我经常能从他们那里得到安慰。我慢慢变得像他们一样从不同的角度看待生活，也获得了一些智慧。他们给了我把婚姻维持下去的希望。
>
> 我会继续坚持。他们很慷慨，总是鼓励和接纳别人。他们告诉我，"别怕，事情总会有好转，一切问题都可以解决。"这是他们告诉我的。①

心理咨询与术数相似，以文化为底层逻辑，从业者在文化上有权命令顾客。张鹂指出，中国心理咨询师倾向于给顾客灌输思想，像权威人物一样给顾客指明方向，提供现成的解决方法。张鹂发现，在中国，谈话治疗一般很有指导意义，很大程度上建立在权威基础上。治疗师虽然努力营造轻松开放的环境，但仍然发现顾客对权威和引导的热切期望很难改变。②这种说教风格也为术数从业者所拥有。帕克（Park）发现，术数从业者充

---

① 施玲玲：《寻访亮光之旅：三位已婚女性算命历程之研究》，硕士学位论文，台湾嘉义大学，2007。此处根据英文回翻为中文，和原文中文有所出入。

② Li Zhang, "Bentuhua: Culturing Psychotherapy in Postsocialist China", *Culture, Medicine and Psychiatry*, Vol. 38, 2014, p. 300.

当了家长角色，顾客把决策责任转移到从业者身上。[1] 阿多诺指出，"权威性"对于追随"迷信"的顾客而言是一个重要特征。[2] 内利达·库克在对泰国占星术的研究中也发现，女性、商人、政府官员和私人雇员这类在等级制度中依赖他人的群体对占星术最感兴趣。[3] 鉴于文化的在地特征，一些心理咨询师认为在中国做业务就要学习中医、修行和术数等本土治疗法，向本土平行体系学习如何做到人情练达，遵从在地化的交往原则，适应本地文化的沟通和治疗方式。

尽管共同遵循着在地的社会逻辑和文化特征，术数和心理咨询在某些重要方面依旧存在差异。根据笔者的电话调查，L市心理咨询的平均价格是每小时100元，被调查者也告诉笔者，在距离L市三小时车程的工业化大都市Q市，平均价格是每小时300元到400元。这对平均日收入只有100元的中产阶级公务员而言费用过高，只有中高等收入阶层的人才付得起心理咨询费用。术数从业者可以收取较低的费用，例如一次三十元、五十元，保证日常消费的水准以及客流量。

在对自我的要求上，二者的差别最为本质性。术数实践主张对命运的信仰，而心理咨询认为命运在很大程度上取决于个人性格和态度。术数从业者免除了顾客的能动性和责任，从命运的角度解释所处的困境。因此，术数诊断的是当事人的命运，而非当事人本身。相比之下，心理咨询要求顾客更多地参与其中，是一种高度自觉的自我批评，诊断对象是当事人本身。在治疗过程中，受困的顾客专注于自我、对自我负责、关心自我。心理咨询涉及的个人参与程度和内部紧张加重了顾客的个人转换成本。心理咨询最终是一种复杂而精密的自我管理工程。另外，术数咨询不会影响正常生活，可以作为一种休闲活动在繁忙工作日的午餐时间或者与朋友聚会时进行，也可以在新年假期对新一年的情况进行预测，顾客可以付之笑谈或佯装不在意。术数免除了顾客的责任，心理咨询则把改变自己作为一种期待或目标。更重要的是，在心理咨询还没有普及的背景下，术数的顾客

---

[1] George K. Park, "Divination and its Social Contexts", *Journal of the Anthropological Institute of Great Britain and Ireland*, Vol. 93, No. 2, 1963, p. 195.

[2] Theodor W. Adorno, *The Stars Down to Earth and Other Essays on the Irrational in Culture*, Stephen Crook (ed.), London: Routledge, 1994.

[3] Nerida Cook, *Astrology in Thailand: The Future and The Recollection of The Past*, PhD dissertation, The Australian National University, 1989, pp. 213–214.

无须忍受心理问题带来的耻辱或污名,因为术数从业者是了解过去和未来的专家,而不是引导自己审视内在自我从而得以"康复"的治疗师。

在职业形象上,虽然术数从业者有江湖职业的污名,心理咨询师则保有科学昌明时代的专业技术人员的良好形象,但是在实际业务中二者在客户心中建立信任感的难易程度并不和普遍的职业形象挂钩。术数从业者给人一种无所不知的印象,"玄学资本"让他们容易得到顾客信任,而心理咨询师往往需要很长时间的努力才能让顾客打开心扉。一位曾经咨询术数服务并且有三年心理咨询经历的女大学生告诉我说,术数和心理咨询最大的不同点是在见到术数从业者之前就已经产生了信任。"我认为他们是大师,掌握了我们其他人无法掌握的神秘知识",但她却花了很长时间才建立起对心理咨询师的信任,特别是在心理咨询师要求她继续谈论自己情况的时候。这种面对陌生人剖析自我的举措显然给人的自我边界维系带来很大的压力。2001年一项有关心理咨询顾客的调查显示,55.28%的受访者犹豫找心理咨询师,35.52%的人对隐私的保密比较担忧,59.35%的人承认在心理咨询过程中从不说真话。[①] 此外,术数从业者在谈话技巧上,容易从家长里短开始,从一个咨询者熟悉的社区角色出发,自然而然地与来客达成轻松和谐的氛围。试想一个农村不识字的老太太被带到一线城市心理咨询师的工作室的情形,和自己到旁村风水先生家里去聊天的情形,显然后者更让她感到自在,敢于说话而不用担心被评判。而且,这种攀谈是编织进入当事人本人的日常生活世界的,当事人和咨询提供者共享着风俗、沟通原则和社会情理。建立在社会关系网络基础上的日常人际互动有助于增加顾客对术数从业者的信任。术数从业者和顾客经常由术数从业者的朋友介绍认识,彼此的信任进一步增加。即使在术数咨询期间,也不避讳朋友或亲友在场,甚至可以在多人围观的街头树下完成。心理咨询经常是密闭空间里的一对一交流,对谈话内容保密。恰恰是这种隐私观念,让客户与心理咨询师初次见面时心态和关系尤其紧张,需要时间建立信任感。

术数从业者和心理咨询师的语言风格也有差异。术数从业者经常使用晦涩难懂的行业术语,同时也会用非正式的话语和当地方言进行交流。李亦园在对台湾乩童的研究中指出,术数和治疗过程中的信息往往非常具体

---

① 张宁、李箕君、袁勇贵:《心理咨询的现状调查》,《健康心理学杂志》2001年第5期。

和简洁，不会特别复杂，因此更容易被人理解和接受。① 这种语言风格部分决定于从业者受教育程度，同时也决定于当地的社会本体论。术数扎根于日常知识，但同时也从中国人对宇宙的理解中寻求指导和启示。术数实践的术语有两套体系，一套是让外人听不太懂的一些术语、行话和套话，一套则是大白话的描述，就算一生从未走出过村子的目不识丁的老妇人都能理解的日常描述。两套话语背后的支撑则是大家都信奉的非常复杂和深奥的宇宙观哲学，人们相信只有博学或有"慧根""开天眼""有异能"的人才能接近真理。在术数实践中，两套话语彼此交替出现。可以时而用专业术语陈述"岁运并临，羊刃七杀为凶"，时而变换为平易地描述"明年有难事"。心理咨询知识对顾客受教育程度有一定要求，话语偏向心灵、自我等抽象层面。在技术话语的施展上，顾客的自我被要求进行"管控""治疗"，会被心理咨询师的专业裁制。心理技术话语缺少近乎神圣性的、接近超自然的玄学支撑，单纯依靠科学理性的属性来树立权威，在顾客的心理层面上有可能会产生较大的"人为压强"。

五 心理咨询师和术数从业者的一次交流

米先生是 L 市最受欢迎的术数从业者之一，他的咨询公司有两名助理协助为顾客提供服务。米先生主要接待熟悉的重要顾客和点名要见他的顾客。一天，我和米先生坐在他的办公室里听他谈论书法——书法的话题总能引起他的热情。助理轻敲办公室门，"L 市'知心姐姐'来了。你可能想和她谈话"。"知心姐姐"原是中国心理咨询领域的俚语，主要是指关注儿童和成人的女性心理咨询师。地方报纸或杂志上通常有一个"知心姐姐"专栏，还有电台热线。读者可以打匿名电话或写匿名信给心理咨询师。这位咨询师的社会形象是一位贴心可靠的姐姐，人们可以和她分享内心深处的秘密。米先生知道助理是在暗示有高级顾客来访，需要进行特殊的谈话。米先生走到办公室和接待区之间的茶室迎接刘女士。刘女士曾在市广播公司工作，在该公司主营的官方媒体上做"知心姐姐"，后来

---

① Yih-yuan Li: "Shamanism in Taiwan: An Anthropological Inquiry", in *Culture-bound Syndromes, Ethnopsychiatry, and Alternate Therapies*, William P. Lebra (ed.), Honolulu: University Press of Hawaii, 1976, pp. 179–188.

她辞职经营一家名为"知心姐姐情感工作室"的咨询办公室。

刘女士是位中年女性,时髦的头发和穿着表明她是个八面玲珑的场面人物。刘女士身旁还有一位健谈的女性朋友作陪,这位女性朋友认识米先生,是这里的术数服务常客。虽然刘女士最初要见米先生本人,但米先生的助理在此之前为她先做了六爻占卜。按照社交常识,刘女士对待米先生这样的社会地位比自己高的年长男性,态度表现得极为和善顺从,而米先生在最初的谈话中也不断夸赞对方,他的谦虚回应体现了"大师"应有的风度。

双方交换名片后,米先生看着刘女士的名片微笑说:"你名字的笔画数相当吉利,一定是算卦先生起的。"刘女士证实了这点,并表示已经改过好几次名。"你觉得名字怎么样?"她问道。米先生回答说:"有学者的感觉,很适合你。"接下来的谈话转向了佛教和国画等更为具体的话题。双方表现出知识分子的修养,进行了文化爱好者之间的交流。两人对学术知识的共同尊重也很明显,米先生指着,说笔者是"研究《易经》文化的博士",刘女士听到这个错误的介绍时,睁大眼睛转向笔者,似乎对此非常推崇。米先生在谈话中占主导地位,大部分时间是他在讲话。双方的交谈就像禅师教导僧人一样。刘女士大部分时间都在点头,保持着欣赏的态度。

刘女士作为社交经验丰富的成熟女性,这次会见不只是为了分享艺术和修身的兴趣,当然也有自己的计划和目的。在体面的寒暄过后,刘女士开始介绍自己咨询工作室的位置、布局和业务流程,并表达了与米先生的公司合作的意愿。"您是高明的佛教大师和《易经》大师。如果能结合佛教思想和《易经》知识,我的顾客将很受益。我的工作室有足够的地方供你举办研讨会。你甚至可以把它当作分公司派助理去上班。"尽管刘女士故意回避"术数"和"算命"之类的字眼,使用的是"佛教"和"易经"等宏大的名目,笔者还是对她的提议感到惊讶。笔者经常碰到想把心理咨询纳入自己职业的术数从业者,但以前还从未遇见过想把术数融入自己业务的心理咨询师。米先生的回答很含糊。他继续称赞佛教和《易经》的重要性。他采纳了中国社会里人们常使用的社交"技能"——"空谈"。接着米先生说了一番恭维对方的话,但什么也没承诺。

我无法从刘女士的表情看出她的想法,但她显然没有得到想要的答复。不过,她还是和朋友愉快地离开了。秘书把门关上后,米先生转身向准备下班的员工说:"那个女人想让我帮她扭转生意局面。很明显她离发财还很远。我从她的外表很容易看出,她肯定不会赚到钱!"米先生的语气相当肯定。"她不具备我现在的能力。我对那些老板很有说服力!不管我问他们要多少钱,他们总会立即答应!"他的表现和会见刘女士时迥然不同,米先生在非常兴奋地在空中挥着手,做出从钱包里掏钱的动作。

米先生和刘女士都从事咨询行业,但米先生的精明显然胜过了刘女士。米先生的社会资本赢过了刘女士的个人魅力。他知道刘女士是想借他的名气和市场地位发展自己的生意。米先生的优势在于非常熟悉佛教和《易经》的具体文本知识。但一关上门,他就根据对方的外表和相貌而非文本做出判断,进而宣称自己拥有更加广博的知识以及对老板的说服力。米先生也对自己的成功扬扬自得,不会避讳粗鄙的手段。笔者事后采访刘女士时,她仍然对术数推崇有加。"我们心理咨询师引导顾客重新审视过去,帮他们做出改变",她说,"术数是在事后提供解决方案"。刘女士作为当地一名自学成才的心理咨询师,自己就是术数的顾客和信仰者。刘女士的知识结构融合了现代心理学和传统"迷信"两个领域的知识。

六 小结

虽然术数从业者和心理咨询师的权威均来自知识,但行业称呼的不同表明两者所处地位不同。心理咨询师和心理学家统称为"专家"或"医生",而人们对术数从业者,通常用"大师"或者西方普遍使用的日语词汇"先生"进行称呼。称术数从业者为"大师",可能是表示尊重,也可能是讽刺。在中国,"专家"经常体现着权威。重大新闻发布时,总有专家在场提供事件的"权威"解释。公认的专家通常拥有现代科学知识,而且大部分都得到了国家认证机构的资格证书。他们的资历常以学位、职称或专业组织机构的成员身份来划分。

我们发现,术数从业者试图纳入心理咨询的行为是希望把术数行业转变成术数专业,把自己由"先生"变为"专家"。行业和专业的区别在于后者有更强大的制度和国家支持。专业不仅设定好坏标准,还定义了相关领域的思考方式。专业的劳动分工体现了信任在社会中的作用,人们凭借信任得以涉足冒险和敏感的活动,包括探究精神有障碍的人的心理。社会学家埃弗雷特·休斯(Everett Hughes)指出,许可证书和授权对专业尤为重要:第一,许可证书规定了人们进行货币、商品和服务交换的隐性和显性权力；第二，专业人员拥有共同的工作经验和社区意识，可能会要求授权由他们去定义何种行为是适当，控制技术服务内容和交付风格，从而影响公众对专业的需求和反应模式。① 另外，社会学家迪特里希·鲁施迈耶（Dietrich Rueschemeyer）指出，行业到专业的转变不仅是地位的转变，还促成了独特的职业认同和排他性的市场庇护。② 从劳动力市场竞争中得到的保护，部分源于同行的无私奉献和知识，正如朱先生呼吁同事提高术数伦理水平那样。专业的自我监管通常以法律干预和政府担保的许可形式作为保障，设置公开确立的专业培训为最低标准进而限制未经授权的竞争。中国心理咨询的专业化已经开始，但还不够标准化，大量不合格的从业者（包括术数从业者）涌入咨询领域，借用咨询头衔。术数比起心理咨询行业更难实现合法化、得到授权和达到自我监管。这一尴尬处境促使术数从业者模仿心理咨询师，在行业中纳入心理咨询。也因为心理咨询的建制缺陷，一些人的确通过了技术认证考试。但是心理咨询虽然具有许可认证，却缺少术数行业的"玄学资本"。术数从业者如果成功地将"玄学"所带有的智慧神秘光环放置在自己身上，他们根本就不需要被许可认证什么了，客户会对其建立起崇拜和信任，为其玄之又玄的术数服务，提供让人满意的经济回报。这也是为什么一些术数从业者并不羡慕心理咨询行业，反而对自己操控客户心态的能力感到更为优越自信。但是大多数术数从业者并没有足够的条件与能力最大程度提升"玄学资本"，通过社会资本等条件让"玄学资本"变为经济资本，他们往往需要寻找其他的认可途径——由于缺乏对术数常态化的管理机制，术数从业者更加趋向于通过一种"山寨制度化"进行许可认证机制的自我构建，这一点将在第七章具体阐述。

---

① Robert Dingwall, *Essays on Professions*, Farnham: Ashgate, 2012, p. 4.
② Dietrich Rueschemeyer, "Professional Autonomy and the Social Control of Expertise", in *The Sociology of the Professions: Lawyers, Doctors, and Others*, Robert Dingwall and Philip S. C. Lewis (ed.), pp. 38 – 58, London: Macmillan, 1983. Dietrich Rueschemeyer, *Power and the Division of Labour*, Redwood City, CA: Stanford University Press, 1986.

第七章

商品化的专业主义攀附

陆先生是笔者在 L 市的第一位信息提供者。笔者一见到陆先生就注意到他衣服上别着的金属徽章,上面写着当地易经研究协会的名称。陆先生每天都戴着,好像它就是制服的一部分。笔者访谈了许多术数从业者后意识到,在办公室的墙上或桌上展示证书和合影证明自己是易经研究会会员是很常见的做法。名片、网站、店面招牌上都写着含有"易经"二字的"会议"和"组织"名称。易经机构和会议的名称通常含有一些表明重要性的词汇,如"中国人""民族""东方""国际"和"全球"。许多术数从业者把自己同这些机构的下属组织联系起来。人们认为,宣传自己的易经协会会员身份,申明自己是易经会议的参会者,在自我介绍中传递出自己与某协会活动的联系,都是十分有利的做法。笔者在台湾、香港和其他海外华人社区也发现了类似的行为,术数从业者的办公室同样摆放着象征会员身份的物品,许多术数从业者的组织以《易经》研究为名运行,但这种相似现象不如中国大陆频繁和明显,大陆的术数从业者似乎尤其重视宣传自己与易经协会的联系。

国家的严格控制和术数组织的盛行这一矛盾以及术数从业者对学术机构成员身份的重视,引发了笔者对术数协会组织的研究兴趣。这些组织是如何运行的?这些组织关于术数实践的基本原理是什么?本章将讨论术数从业者组织成立的动机,组织如何从社会、文化和政治三个方面协助从业者的自我合理化。

一　信任、专家体系和专业化

吸引顾客首先要赢得顾客的信任。信任指顾客在寻求术数咨询服务前对术数从业者能力和信誉的认可程度。现有顾客的介绍或宣传、随意的谈话、个人的评论和闲谈都有助于信任的建立。但是随着现代性的发展，对术数从业者的选择这类个人决策手段，已经从依靠熟人交谈转变成了倚仗公开认证系统，这也顺应当代社会的匿名、隔离和复杂性所造成的交流环境。换言之，个人在现代社会的决定更多地依赖专家体系。专业知识的信任建立在对技术能力的假设上，术数从业者对专业化的诉求是术数行业的一个新特征。

现代语境下"专家"信誉的确立，可以借助媒体广告、媒体宣传和传统公共网络等方式，也可以通过国家支持的现代认证系统，如由大学、协会、行会等具有公信力的机构颁发的文凭、证书、奖项等。术数缺乏国家认可和监管，也没有公会或行会提供支持，术数从业者和术数咨询服务是缺少认证系统的。此外，政府对协会注册的严格限制，却造成一个客观效果：给人一种印象，但凡能成立的协会背后恐怕都有官方支持或体制的背书。因此，协会本身的存在就会创造出行业可靠的印象，虽然协会表面上同行业的实质情况并无关联。这种需求促使未获得国家认可的人选择成立类似的非正式协会，借用"协会"带来的权威和信誉举办活动，甚至收敛钱财。

因此，术数从业者会通过成立协会以投资个人专业发展、增进群体团结，来落实自我建构。这些协会如果以行会存在必定不能得到官方认可，术数从业者的协会往往自我定位成学术研究会，多数情况是易经研究会。可见，术数从业者寻求专业化的过程中会将自身与《易经》联系，借用学术研究者的光环。学术身份通过参加相应的组织和会议得以加强和确定。术数从业者想在学术模式下重塑自我的愿望可部分归因于知识分子所享有的尊重。此外，术数相关组织试图建立区域认同感，会邀请地方政府合作，特别是与掌握资源的人士分享《易经》带来的荣誉，以图获得国家和学术界的认可。通过这种方式，术数组织得以在严格治理下生存，组织成员在传统知识中加入现代性元素而获得新的声誉和社会身份。下一节将详细说明。

二　机构组织

2013年之前，社会团体和民办非企业等社会组织必须在经过业务主管部门的审查同意后,挂靠党政机关才能正式注册。2013年之后可以向民政部门直接注册,但依旧需要有业务主管部门的审查。有社会学家把中国国家和社会功能组织的关系归类为"法团主义"①。法团主义从国家的角度评价这种关系:为了某种目的可与特定组织建立某种特殊关系。"作为一个利益代表系统,是一个特指的观念,模式或制度安排类型,它的作用是将公民社会中的组织化利益联合到国家的决策结构中去。"② 通常,社团主义国家只承认一个给定区域只有一个社团代表,③ 决策权在很大程度上取决于国家。④ 在术数从业者看来,取得这种地位意味着官方的授权,但也意味着受到束缚。

L市易经研究协会在L市是该领域唯一的半官方机构,也是L市社会科学联合会的下属分支机构。社会科学联合会是国家资助的研究性组织,涵盖省市级社会科学活动。社会科学联合会受到民政局和文化局管理。L市易经协会由崔先生和严先生两人在20世纪90年代初建立,当时的成员主要是当地知识分子、学者和艺术家。1988年,崔先生创建了协会的雏形。崔先生曾是一名记者和作家,后来成为一家国有交通公司的商务经理。崔先生想建立一个学术社团,踏着自行车在城市到处寻找潜在成员,但一直无法招募到足够的对《易经》非常了解的人。后来,崔先生遇到了另一位当地知识分子严先生。严先生是市图书馆馆长,认识各乡村文化站的领导。这些文化站隶属于当地地方政府,主要负责组织乡镇级的娱乐和科教活动。严先生组织几位当地知识分子作为新建协会的第一批成员。此外,崔先生和严先生还说服L市几位艺术家和作家加入了协会,虽然这些人有很多不了解《易经》。换言之,虽然协会第一批成员涵盖了社会知名人士,但协会成员的入选条件是基于当地知识分子的身份。因此,协会的主体成员是当地知识分子,特别是当地政府的文化部门成员。

---

① Jonathan Unger, ed., *Associations and the Chinese State: Contested Spaces*, Armonk, NY: M. E. Sharpe, 2008.

② 张静:《法团主义》,东方出版社2015年版,第23页。

③ Jonathan Unger, "Chinese Associations, Civil Society, and State Corporatism: Disputed Terrain", in *Associations and the Chinese State: Contested Spaces*, edited by Jonathan Unger, Armonk, NY: M. E. Sharpe, 2008, pp. 1 – 14.

④ Jonathan Unger and Anita Chan, "Associations in a Bind: The Emergence of Political Corporatism", in *Associations and the Chinese State: Contested Spaces*, Jonathan Unger (ed.), Armonk, NY: M. E. Sharpe, 2008, pp. 48 – 69.

社团的组成不断在改变。笔者参加了 L 市易经协会的 2012 年年度会议，当时和在城乡工作的算命先生及风水大师坐在一起。协会主席崔先生告诉笔者："我们协会成员包括学者、退休干部、工厂工人、教师和少数靠算卦谋生的人。"崔先生不愿承认多数成员根据官方标准实际上是"迷信"专家。但是崔解释了从事算卦的人不断增加的原因："中国现在失业率很高，下岗工人和没有土地的农民大量涌入 L 市，我们协会的会员组成也受到影响。虽然第一批协会会员中的文人提高了协会的社会地位，但这些人对《易经》却不太了解，资格远不如'草根大师'，即算命先生。有些成员仍然是对《易经》充满热情的知识分子，对《易经》也了解，但很少将其用于实践。这些研究《易经》的知识分子的兴趣特点符合协会的官方特征。一些协会成员嘲笑这些知识分子缺乏术数的实践知识，称其为'着迷于神秘哲学的书呆子'。"

半官方易经研究会无论在数量上还是在活动上都很有限，因此许多术数从业者选择加入那些通常是在香港注册获得正式地位的协会，即所谓"离岸社团"。协会在香港通过依附于公司等"营利性"机构很容易注册。协会可以通过这种方式继续开展活动。政府对协会注册的严格限制给公众留下了一个印象，即任何官方有关协会都因得到体制保护而非常可信。因此只借助与协会的联系就给人可靠的印象，虽然这与业务性质毫无关系。但在海外华人社区，协会会员身份却不是吸引顾客的流行策略，因为这些地方的顾客更加熟悉团体注册之便利背景，未获得国家认可的个人也可以轻松成立"非正式"协会，从而顾客受到协会权威的影响力有限。

半官方机构和未经注册的协会面临的最紧迫的问题是获得政治接受，与"迷信"保持距离。"我们的科目太过敏感，研究如果偏向一边，就是科学，偏向另一边，就是迷信"，L 市易经研究会现任主席崔先生说道。协会创办之日，崔先生回忆说警察机关表示："我们不会支持，也不会反对。协会不受官方鼓励，但也不会遭到官方批评。"

L 市易经研究协会每一期刊物都有免责声明，声明强烈反对认为协会宣扬迷信的观点：

> 协会自 1991 年 9 月 1 日成立之日起，从未招募过任何从事封建迷信活动的会员。任何打着我们协会旗号提供算命、相面或风水服务

的人,都将因欺骗行为对我们协会构成犯罪。欢迎举报这类行为。①(L 市易经研究会 1991)

免责声明并不符合实情。事实上,协会并不会监督或限制会员的活动,甚至协会主席本人也会通过风水和起名业务赚钱,但他声称自己的活动不是迷信,而是建立在扎实的学识基础上。

为了依照国家规定经营业务,术数相关机构往往采取以下策略。第一,公开阐述机构的使命和文化与主流意识形态之间的联系,例如申明支持传统文化和文化民族主义。第二,邀请退休的官员担任名誉职务。第三,邀请研究者参与活动,获得学术界认可。一般而言,机构会讨好有名望的人,邀请他们为周年纪念、里程碑或重要活动题词。

在 L 市易经研究会的开业典礼上,省国家文化研究院主席、本省大学的知名易经专家发来贺词。为了便于管理,协会还邀请了前地方党政领导作为顾问。一个未经注册的协会在 2013 年举办的易经会议网站上挂出这句话:"中华文化是中华民族生生不息、团结奋进的不竭动力。"网站还挂出了两位中国哲学教授的题词表示获得了学术支持。学术化是这类社会团体最热切期待的合理化加持或光环滤镜。

三 空洞的学术化

会议、座谈会、讲座和出版构成了易经组织的主要活动。其中一些活动除为了赚钱外,还用于展示团体的科学性和学术性,维持协会的政治公众形象。所有易经组织都声称自己的研究是科学的。例如,某易经组织的一个典型声明是:"通过学术活动科学推动《易经》研究,发扬《易经》的优秀文化传统,探索《易经》概念模式与当代科学之间的联系,造福人类文明。"

近年来名目繁多的各种易经团体会议在全国各地举办,任何人都能交纳报名费参会。会议和组织名称含有"全球""中国的"和"全球"等宏大名目,反映了组织者和参与者寻求社会地位和关注的共同愿望。这些机构还通过会议举办地点彰显其重要性。第七届中国易经会议由一家私企

---

① L 市易经研究会:《易经研究通讯》,1991 年。

组织，强调了会议将在中国顶尖大学北京大学举行。会议邀请函的开头以粗体形式告知读者：

> 今年的会议将在北京大学举行。我们选择这里是为了提高《易经》及其研究者的社会地位。通过参加北京大学的会议，将会赢得当地领导和文化部门的尊重，有助于提升品牌知名度和促进生意兴隆。您将获得难得的荣誉和威望！

王先生作为几个《易经》研究团体的积极组织者自豪地说道，历年会议举办地点包括人民大会堂、钓鱼台国宾馆、北京大学和中国社会科学院。所有这些地点都享有很高的声望，在中国政界和学术界具有象征性意义。在著名机构举行会议虽然能提高会议的档次，但这些地点对非官方、非正式注册、非学术等组织机构采用收费租借方式。而这些机构又会从参会者那里收取会议费用来平衡相关成本。

学术方法也意味着把公共活动局限于理论研究或文本文学分析。学术讨论一旦涉及《易经》的实际应用，便会涉及术数等不被接受的迷信实践。但是未经注册的组织所举办的会议只要保持低调就可以包含这样的主题。"协会越正式就越不敢涉及算卦。"王先生以前是L市一位基层的术数从业者，现在成为几家协会的领导、易经会议的召集人和媒体人物，他说："我们只可以谈理论，从不谈实践。"

而在相对小型的会议上，真正的实践探讨方面的内容也是很有限的。根据笔者的参会经验看，多数论文只是在重复一些基本原理，没有人会舍得把看家本领公之于众，许多问题浅谈辄止。多数人在台上演讲时仅仅吹嘘自己技术的神奇案例，有"干货"的探讨非常少。对于第一次来参加会议的人来说，肯定会和预期有所不同。在一次会议的午餐时间，笔者问几个第一次到会的参会人员，他们都表示没有听到自己想要听到的探讨。在会场上，会议经验丰富的人们忙于结识新人，交换名片。也有几个当地老板听闻后前来寻找"大师"。各种术数书籍和罗盘、鲁班尺等实战工具在大厅里摆摊售卖。

这种同业聚会虽然缺少"干货"，但无疑能够开阔行业从业者的眼界。像很多学术会议一样，相比学术探讨、交换信息，与老朋友见面、了解行业动态，才是会议的主要意义。会议提供社交和信息收集的机会，这在现代中国社会尤其重要，因为个人成功很大程度上取决于这些联系。一些术数从业者加入组织，抓住机会和与会同事合作。例如，米先生通过与其他省份的与会者讨论后受到启发成立了自己的术数咨询公司。付先生建了自己的网站，列出了全国各地其他同姓的术数从业者的姓名，有些人就是他在会议上认识的。虚拟网络是建立在会议讨论促成的实际交往网络基础之上的。当笔者问他为何这么做时，"集群效应"，他答道："一群人总好过一个人，能吸引更多的人关注"。

四 证书、奖项与商品化的专业主义

会议组织者，特别是未注册机构的组织者，从大量人员涌入这一迅速发展但急需监管的行业中发现了商机。协会和会议中最常出现的角色除了人之外，就是证书和奖项，例如由所谓的中国周易研究会颁发的会员卡、资格证书和专业证书。一些专业认证证书在考试后颁发，但付费可确保通过考试。会议也会划分排名和公布奖项。例如，某会议奖项从低到高依次为：杰出人才奖、学术贡献奖、学术成就奖、终身成就奖。其他常见奖项形式包括个人参会证书和会议专家名录，例如，河南安阳每年召开一次的国际《周易》研讨会在会后都会出版《国际易学名人录》。这种认证和专业行会认证体系的不同之处在于，会议召开之前就列出了会议出席证书和专家名录入编的费用，并要求缴纳与会费。2011年安阳国际易学会议名录规定，一页500字以内的个人介绍，入编费1000元，200字以内200元，并建议潜在的参会者："应广大学者要求，会议准备制作匾额式出席证书和《国际易学名人录》入编证书，每块1200元。"一块可以挂在办公室墙上和展示给别人看的匾额式样的、有形的证书是入编专家名录费用的六倍。

随着会议越来越商业化且参会价达数千元，许多信息提供者表示已经参加过足够多的会议，将来不会再参加。例如，有20年商业经验的马先生说道："这些在北京和上海举行的会议看似场面盛大，但我不感兴趣。这些只是把人聚在一起的喧嚣热闹的活动。去年我收到一封北京召开的会议邀请函，但我拒绝了。参会费3000元，不过钱倒不是问题。这些会议意义不大，我宁愿把时间花在自己的研究上。"笔者访谈的几位术数从业者也都认为，这些会议不过是一场表演秀。"所有人都想站到台上演讲。"

许多情况下，任何人都可以登记并支付演讲费。尽管人们对这类会议活动的评价不高，但绝大多数术数从业者办公室的墙上和桌上，仍然可以看到会议合影和会议的出版物。

术数从业者通过会议和组织认识了职业同行的同时也意识到，证书和奖品不过只是商品。术数从业者可以通过会员证书吸引顾客关注，但不会提高他们在术数从业者群体中的地位。此外，术数相关商业活动可能会引起学术造假的指控，给术数从业者带来污名化的不良影响，如下例所示。

术数的真实性问题引发了官方媒体调查。例如，① 颇具影响力的新闻评论类节目《焦点访谈》对2013年在北京举行的"六国易经峰会"进行了调查，称其与学术研究毫无关系。术数从业者有关术数可以治愈癌症或预测生死的演讲被视为"唬人"。会议组织者举办的"国际会议"也遭到讽刺。据称，会议闭幕式上颁发给三分之一参会者的奖项已在会议召开前公开过明确的收费。据透露，名为"世界易学领袖协会"的会议组织者，每年向授权分支机构收取3万元费用，出售特许经营权。虽然该协会声称具有合法性，记者发现民政部的登记档案中未找到该协会，它实际上是一家在香港注册的公司，在中国内地经营时以"协会"取代了"公司"。该协会称已获得"国家非物质文化遗产保护中心"的许可，但经调查发现这个中心也是不合规的，只是和真正的"中国非物质文化遗产保护中心"名称十分近似。《焦点访谈》总结道，会议组织者为了赚钱把会议伪装成了高水平的学术会议。

五　小结

术数从业者自身在专业性上进行自我构建的主要途径是模仿现代制度和专家体系，使用证书文凭形式。术数从业者无法注册登记为正式的专业机构，因此通过组织学术活动和制定"玄学专家体系"绕过相关规定。虽然会员身份、认证证书和职业网络有助于职业认同的形成，但活动举行的最直接的动机仍然是出售证书这种象征资本。在当代中国，从业者公开展示会员资格和认证证书，兜售证明自己的资历，即便不比参加专业学术

---

① 中央电视台：《唬人的"易经峰会"》，《焦点访谈》2013年11月30日，http://news.cntv.cn/2013/11/30/VIDE1385813160063858.shtml。

讨论活动更加重要，但对于很多人来说也是一种通行的惯例。

这些机构的活动对专业角色的建立、归属感、幸福感和共同职业价值观的形成帮助不大。社会学家埃弗雷特·休斯将"许可"与"授权"称为专业形成的两大因素。① 对民事主体的严格审查和对术数相关活动的禁止剥夺了这些机构进行正规许可和授权的可能性，许多易经协会仍然缺乏正式监管和通用标准，企业认证、排名和推广仍然脱离于一切社会信任体系。此外，术数组织不能建立规范的道德准则，无法通过制定健全的规则和实践进而促进一些人追求的专业化。协会支持保护成员利益的政策将成为鼓励术数从业者群体团结互助的有效途径。但是这些只有真正的行会才能做到，组织松散的学术协会做不到这一点。

近年来，中国制造的假冒伪劣商品已经广为人知。"山寨"一词常用于描述这类现象。"山寨"的字面意思是"山村""寨子"，现指抄袭、盗版的品牌和商品，特别是电子产品。② "山寨"既指拙劣的模仿，也指劣质的人或物。

林（Lin）在对山寨商品的研究中指出山寨文化如何"兴起并成为消费者抵抗和控制易变的经济体系的一种方式"③。持有相反观点的人认为，多数假冒产品的生产者和使用者不是激进分子，而是"高端资本主义商品的复制者和受益者，其目的不是破坏产品"④。上述关于经济活动的论点可用于解释术数从业者自身专业化的努力。术数从业者通过"唬人"的学术会议，商品化的证书许可体系进行"山寨专业化"，效仿并贩售现代行业专业体系媒介，绕过了协会的严格审查，也试图规避官方对"迷信"意识形态的压制。术数从业者的"模仿能力"⑤ 反映出边缘人群或者说灰色地带的行业，想要参与现代知识/权力体系建构的冲动。在缺少话

---

① Robert Dingwall, *Essays on Professions*, Farnham: Ashgate, 2012, p. 4.
② Nicholas Schimidle, "Inside the Knockoff - Tennis - Shoe Factor", *New York Times*, August 19, 2010, accessed October 30, 2014, http://www.nytimes.com/2010/08/22/magazine/22fake - t.html?pagewanted = all&_ r = 0.
③ Yi - Chieh J. Lin, *Fake Stuff: China and the Rise of Counterfeit Goods*, New York: Routledge, 2011, p. 7.
④ Gordon Mathews, "Review of Fake Stuff: China and the Rise of Counterfeit Goods", *Asian Anthropology*, Vol. 10, No. 1, 2011, p. 165.
⑤ Michael T. Taussig, *Mimesis and Alterity: A Particular History of the Senses*, New York: Routledge, 1993.

语权的条件下，这些人开始自己设立一个场域，借用人民大会堂这类的符号意义浓郁的场所，把象征资本进行内部发配，也为从业者提供了搭建参与职业社会网络的条件。

术数从业者对专业能力的模仿有时会被国家和主流社会嘲笑为只为了表面现象，而完全不顾本质的虚荣行为。我们需要更深一层次地理解这种不合理的事项。一些外国观察家目睹了美拉尼西亚人在"船货崇拜"仪式中制造简单飞机模型的过程，从而指出物质和模型在货物崇拜者的逻辑中存在着某种关联。① 实际上，在船货崇拜仪式中，船货不仅代表着对物质利益的追求，还代表了一种超越殖民主权的新的道德和社会秩序。② 同样，"山寨专业化"不仅指向对名誉和信誉的追求，也是一种将术数重新融入现代专家体系占主导地位的社会/技术/权力网络的企图。此外，模仿、伪造、假冒等行为往往"激起对被模仿对象而不是模仿行为本身的评价"③。这种情况下，"山寨专业化"引导人们重新审视专家体系、文凭主义统领下的治理技术和相关意识形态。值得注意的是，"专家"在当代中国流行文化中已经近乎一个贬义词。人们发现一些出现在媒体上的专家，经常不顾事实堂而皇之地大放厥词，或者专家论点不切实际，思考水准欠佳。这种不当行为除了自身能力限制外，往往是为了掩盖可能引起公愤的事实，或是为了追求自身的利益。互联网上流行一种现象，通过改变"专家"中的一个字讽刺专家："专家"的"专"是"专业"的意思，发音和"砖"字相同，"专家"因此被讽刺为"砖家"。"砖家"的意思是"专家"像砖头一样死板，应该受到批评（一种可能的联系来自"扔砖头"，网络用语，意思是"批评"）。我们或许还要思考，我们受"现代科学"影响，对"专家"的期待以及促使人们对"专家"产生信任的过程，是否也是一种隐藏在技术承诺④和现代治理方略中的盲目崇拜。专家体系所带来的权威感所依据的专业培训、文凭授予都是社会信用体系中的一环，这种信用体系减少了人们建立信任所需要的成本。但是过多地仰赖外

---

① Lamont Lindstrom, "Cargoism and Occidentalism", in *Occidentalism: Images of the West*, James G. Carrier (ed.), 33–61, Oxford: Clarendon Press, 1995.

② Lamont Lindstrom, "Cargo Cult at the Third Millennium", in *Cargo, Cult, and Culture Critique*, Holger Jebens (ed.), Honolulu: University of Hawai'i Press, 2004, pp. 15–36.

③ Michael Lampert, "Imitation", *Annual Review of Anthropology*, Vol. 43, 2014, p. 382.

④ Michael T. Taussig, *Mimesis and Alterity: A Particular History of the Senses*, New York: Routledge, 1993, p. 248.

界例如学校排名和文凭，会导致人们的注意力从本质流向表象。这种专家体系本身也不是万年金身不坏的无风险系统，会滋生出很多在体系保护下的伪专家。专家体系也不能覆盖生活所有面向，一些无法被现代技术体系例如心理咨询和西医成功干预的问题当事人，会在传统习俗以及低成本的吸引下寻找替代方案，包括算命和中医。而替代方案在实践中的确弥补了现代技术体系所遗漏或无能为力的部分，并且从文化角度为主流体系的本土化适应提供了很多可资借鉴之处。

结　　论

当我们论及传统文化时，无法绕过文明源头的巫史传统以及后来普及的方术应用体系。按照李泽厚的说法，"巫术礼仪在周初彻底分化，一方面发展为巫、祝、卜、史的专业职官，其后逐渐流入民间，形成小传统。后世则与道教合流，成为各种民间大小宗教和迷信。另一方面，则是经由周公'制礼作乐'即理性化的体制建树，将天人合一、政教合一的'巫'的根本特质，制度化地保存延续下来，成为中国文化大传统的核心，而不同于西方由巫术礼仪走向宗教和科学的分途。"[1] 传统文化驳杂宏大如海纳百川，需要正视巫术礼仪传统在传统文化中的存在，尤其这一套实践体系遍布华人社会各处。哲学抽象的层面虽深入人心，从根本上奠定了传统的根基，但是还有很多具体的实践与理论体系一直在深刻地影响着人们的思维，也在塑造着人们对世界运行的理解，左右着人们每日的行为。相比哲学思想，普通人关心的更多是医学巫术、禄命宅相等这种从自我出发，环绕在周身，被认为可以改变人生的日常形而上学。或许可以称术数从业者这个团体为"日常形而上学者"。作为提供日常民俗服务的人，他们主要靠提供民间对禄命宅相有关的咨询及改进方法谋生。当客户感到身陷动荡的江湖时，同在江湖的术数从业者则利用术数所背靠的传统宇宙观和本土心理知识，对某一历史时刻的时空和命运的基本问题提供一套解释框架。我们需要从内外因素上理解术数实践顽强存在的原因，才能更好地去治理整顿。

在当代中国，术数缺乏合法性但民间实践依然活跃。本书从社会文化逻辑层面对上述现象给出一些解释，指出了术数与人们的日常生活中的那

---

[1] 李泽厚：《说巫史传统》，上海译文出版社2012年版，第35页。

些知觉、情感、道德体验有着深刻的联系。同时也说明，术数涉及人们对社会流动、健康、财富和婚姻等核心议题的关注，[①] 以及传统文化引导下更广泛的人生追求。目前阶段术数在不断变化着的主体性的构建过程中依然扮演着角色，索引着人我格局的重新划定，调整着社会关系的重新配置。

从业者的自我建构，是术数实践职业群体为获得国家准许和社会认可，去建构自身合法性的过程，也是从地下、边缘试图重新楔入大众生活、现代体制的过程。知识层面的自我建构过程浸染着文化民族主义的色彩。从业者和拥护者将术数的实践，追根溯源，转换成术数的古代典籍《易经》及其研究，并把术数的知识提升到更高类属的"传统文化"层面，将社会赋予古代哲学和传统的正面价值，嫁接到术数上来。在制度组织层面，术数行业以商业化和专业化来谋求自身生存空间。现代社会仰赖"专家系统"，除了传统的口口相传、熟人介绍之外，术数为笼络顾客也越发依赖匿名性的信息交流和有公信力的证书、文凭等佐证，依赖仿照标准化认证体系、学术体系来"山寨"制作自己的专家资格。在效果动机层面，个人心理的疏导成为术数在个体化时期新的招牌。顾客的需求和新兴的心理咨询、心理干预这类参照体系，要求从业者拾取"心理疾病"这个视角，来为现代人对命运的不安"诊脉"。同时，术数有强烈的传统和保守倾向，常常从命运评判演变出关系导向的伦理说教和关怀。民间术数从业者，不光看到了个体是社会关系中的个体，针对顾客个人具体情况进行"拉家常式"的劝说，也会援引儒道佛理，要求顾客进行自我审查和修持。

术数在中国当代的流行，印证着各个文化里遭遇的一个经典命题：市场、理性、全球化和国家—民族主义的崛起背景之下，所谓神秘、不科学的活动及信念并未随之消退。本书想要强调占卜在急剧变动的社会如当代中国，内部也有演变更新过程。其自我赋权受制于当时当地的社会文化，例如对主流话语的紧密攀附，对现代专家体系效用的借用。术数等民间实践灵活地重建与体制的关系，亦扩大了主流社会反照自身的想象空间。"边缘人"在扩展时空的过程中对各种相关制度和历史的不断解释构成本

---

① Arthur Kleinman, *Quests for Meaning*. In *Deep China: The Moral Life of the Person*, Arthur Kleinman (ed.), Berkeley, CA, London: University of California Press, 2011, p. 265.

书理解社会逻辑生成的起点。

个人对命运的焦虑在很大程度上源于个人的自我管理和责任仍然必须与两个看似矛盾实际一体两面的结构性存在做斗争：严重的社会强制性、日常生活的不确定性。人们在改革时代也许已经得到很多个体主义意义上的解放，但社会转型期个人的职业生涯、生活质量、幸福感、表达意见的能力和社会认同受到限制。此外，适婚年龄等社会性规定，不仅会对日常生活形成控制，而且这种控制背后是"要在特定的阶段做特定的事""要和多数人一样"如此这般的价值观，价值观构成了社会强制之基础。① 而日常生活里的各类规则不透明，调控机制的不成熟和多头作用的混乱，也让人们感到命运起伏的强烈。这不是中国独有的情况。正如阿多诺所指出的，即使在西方社会，"无论个人在许多方面如何比过去更加自由，生活社会化和众多组织对个人的'掠夺'肯定也在增加"②。但中国的情况尤为特殊。在"前现代性""社会主义现代性"③ 并存的背景下，社会经济政治等多方面都在调整转型。

术数的复兴还有其他更深层次的原因。本土术数实践中的好命好运的概念强调物质满足和社会地位。市场和私有化改革之后经济条件更加明显地成为安全感的来源。简·德伯纳迪指出，中国的民间宗教"对财富、社区荣誉和社会网络的强调，符合个体追求物质成功、社会认可和社会关系扩大的现代资本主义职业伦理"④。术数实践中好运的理想类型呼应了当代社会的个人欲望，也印证了德伯纳迪的论断。术数观念里的好运好命观，在呼应个人世俗愿望的同时，也深受关系型社会的加工改造，以及和谐理念的影响。这种关系主义渗透到技法推导层面，也深刻地浸透于传统伦理纲常，例如会因为"母因子贵""妻因夫贵"的原则，根据女士的男性亲属的命运来判断该女士是否好命。在价值取向上追求宏观宇宙与人作

---

① Nancy D. Munn, "The Cultural Anthropology of Time: A Critical Essay", *Annual Review of Anthropology*, Vol. 21, 1992, p.109.

② Theodor W. Adorno, *The Stars Down to Earth and Other Essays on the Irrational in Culture*, Stephen Crook (ed.), London: Routledge, 1994, p.114.

③ Andrew Kipnis, "Introduction: Chinese Modernity and the Individual Psyche", in *Chinese Modernity and the Individual Psyche*, Andrew B. Kipnis (ed.), New York: Palgrave Macmillan, 2012, p.5.

④ Jean E. DeBernardi, *The Way That Lives in the Heart: Chinese Popular Religion and Spirit Mediums in Penang*, Malaysia, Stanford, CA: Stanford University Press, 2006, pp.53 - 54, p.79.

为微观宇宙的和谐。相比现代心理咨询对好命的理解,传统术数较少地关注个人内心世界和精神层面,喜怒哀乐"心内事"的重要性低于加官、发财、生子这类"身外事"。强调物质成功与和谐,追逐儒道佛理的崇高地位以及关联性思维,都让当代术数在深层文化逻辑的层面上打上传统烙印。融合了特定世界观的传统知识以及术数的推理原则和伦理倾向,在日常生活中得以保留,这套知识架构指导下的民间实践比高雅文化更容易受到大众欢迎并被普及。相比西方知识体系下的一些近似实践如占星,本土实践依靠传统社会价值观和知识论的基础,有其传播的便利,且背靠了儒家和佛教等深深影响到历代民众意识的精神谱系。

民间宗教实践为了生存空间会策略性地发展与主流话语的动态联系。此外民族志研究证明,现代社会的民间信仰会涉及现代市场经济,[1] 但仍然保持着与血缘关系等传统意义结构之间的联系,并为术数实践者提供了重申"传统"真实性的途径。[2] 当前的传统主义和民族主义思潮客观上给术数的公开实践提供了更大的空间。这表明,民间宗教实践与主流意识形态的关系格局是复杂的,除了二元对立的主要关系之外,还有攀附、征用等多样化的形式,并在一定的历史语境中彼此结合。

术数在不同时期与不同主流意识形态建立的联系展现了它的灵活性。例如,20世纪末期的科学主义和21世纪初的传统文化复兴,术数都发展出来相应的"插件"话语形态。术数的政治合法性为零,但在寻求社会地位方面却有很大的弹性空间。术数从业者对自身的灵活多变的叙述,不只是为了个人利益的形象管理或巧妙修辞。术数的灵活改变也涉及本土宇宙观、伦理倾向和日常形而上学的根深蒂固的观点所经历的时代转变。如罗纳德·英格哈特(Roald Inglehart)和韦恩·贝克(Wayne Baker)指出

---

[1] David J. Kim, *Divining Capital: Spectral Returns and the Commodification of Fate in South Korea*, PhD dissertation, Columbia University, 2009.

[2] 参见 Peter Geschiere, *Globalization and the Power of Indeterminate Meaning: Witchcraft and Spirit Cults in Africa and East Asia*, *Development & Change*, Vol. 29, 1998; Todd Sanders, "Reconsidering Witchcraft: Postcolonial Africa and Analytic (Un) Certainties", *American Anthropologist*, Vol. 105, No. 2, 2003; Chongho Kim, *Korean Shamanism: The Cultural Paradox*, Aldershot, Hants, England, Burlington, VT: Ashgate, 2003; Hyun-key K. Hogarth, *Korean Shamanism and Cultural Nationalism*, Seoul: Jimoondang, 1999。

的，个人自治、自我意识和精神关怀在后工业社会越来越重要。[①] 西方占星术比中国术数更多地涉及个人精神问题，这或许可以解释为什么中国的年轻人更加偏爱西方占星术，因为这种术数更侧重、也更鼓励人们描述自己的"内心"和"感觉"[②]。这暗示着中国术数在未来也将更加注重个人思想和情感，以符合"新兴的对情感、人格和自我发展的强烈兴趣"，以及"对主观、亲密和隐私的重要性的深刻认识"[③]。近代以来，术数的复兴和术数从业者使用的策略均是在多变的周遭环境下和反对迷信的一贯话语中形成的。中国的伦理诉求和民族诉求的复兴与其他国家不同，因为普遍的共产主义意识形态要比文化多元化和言论自由更能使科学和反迷信具有说服力。国家地位的变化使情况进一步复杂，人们认为传统的恢复有益于国家权力合法化和增强民族凝聚力。此时术数则会积极进入文化遗产领域寻求合法性庇护。术数里面有大量可界定为传统糟粕的东西，代表落后的思想和不正确的知识。术数当前虽然缺乏共同标准，但在商业化的驱动下已经找到了一种走出阴影成为关注焦点的途径，例如将自己打造为"传统智慧"的源泉。术数从业者充分利用这一点试图重现"源头的存在"，用自己的想象和天分填补未知，顾客倾向于把最后的结果看成极度接近于"真实世界"的描述。[④] 呈现"真实世界"的能力在认识论上进行自我论证，也与特定的社会文化环境密切相关。

中国术数的显著特征是强调推理过程涉及的知识和理性。术数以文本为基础的知识，以及相关的一套连贯的符号体系和自然主义本体论，是几个世纪发展的结果。理论上，学习术数需要多年的训练，还要背诵大量的文本知识。术数从业者经常在自我构建中强调术数的这些历史和理性基础。理性化为术数从业者的自我价值确立提供了认识论的基础。

虽然阴阳五行的基本原理和知识在一个注重分析思维和科学实验的世界里是边缘化的。但是民众的关注意味着，这些传统知识重获了与科学和

[①] Ronald Inglehar and Wayne E. Baker, "Modernization, Cultural Change, and the Persistence of Traditional Values", *American Sociological Review*, Vol. 65, No. 1, 2000.

[②] Lisa Rofel, *Desiring China: Experiments in Neoliberalism, Sexuality, and Public Culture*, Durham: Duke University Press, 2007, p. 4.

[③] Arthur Kleinman, Quests for Meaning. In Deep China: The Moral Life of the Person, ed. Arthur Kleinman, 263 – 90. Berkeley, CA., London: University of California Press, 2011, p. 29.

[④] David J. Kim, *Divining Capital: Spectral Returns and the Commodification of Fate in South Korea*, PhD dissertation, Columbia University, 2009.

全球化互补的地位，甚至对其进行批判的力量。然而，现代世界的知识要得到机构制度、专业化等现代社会标准化管理体系的一系列护卫，所以术数的知识体系必须积极调整自身以适应当前世界。如果条件许可，多数的术数以及相关培训必会遵循认证教育机构提供的标准课程展开，因为这是量化增值、利益最大化以及方便管理的途径。然而，术数本身的玄学属性让从业者的证书只能说明从业者达到入行及格线，无法做出测试是否和事实符合的验证。术数从业者的成功在很大程度上依赖于自己的"江湖"知识、市场宣传以及对顾客情感和心理需求的敏感把握。换言之，术数从业者需要将书本的技术知识和实战技巧结合才能取得收益。

术数从业者的许多知识其实与预测无关，大部分是关于价值判断和说服的内容。中国的术数从业者经常把"什么将会发生"和"什么应该发生"混在一起。与经常注重最终"效果"的社会还原主义相反，帕特里克·柯里（Patrick Curry）认为，术数道德特征的研究必须摒弃那种认为道德是规范性规定和道德义务在行为人之外的假设。像伊法（Ifa）这样复杂的术数体系"本质上是讲究伦理的，因为道德、义务是其组成部分"[1]。术数经常在最后把责任归结在顾客身上。顾客没有任何选择，由神谕所定义和改变。[2] 中国术数不涉及"全知全能"的神谕，社会成员也没有达成对术数的一致认可，但是依旧"道德关切与真理关切交织在一起"[3]。例如，术数有很多道德化的推论，人们普遍认为积德行善可以改变命运。又例如，四柱的组成部分是对父权制家庭关系的隐喻。术数比涂尔干式的社会化提供了更深层次的伦理建议。这表明，我们在评价术数实践时不应遗漏社会规范或社会成员的"元判断"，因为"理性空间"很少与"自然因素空间"完全分离。

从业者本身作为伦理主体，不仅在扮演专家角色的互动中影响了顾客的道德推演（moral reasoning），其伦理主体的达成也是一个过程性的存在。从业者不仅仅是命运这个封闭的必然性世界到混乱无序的生活世界之间的"摆渡人"，他们在阐释命运时，除了为了利益去使用江湖伎俩之

---

[1] Patrick Curry, "Afterword of Ises and Oughts: Endnote on Divinatory Obligation", in *Divination: Perspectives for a New Millenium*, Patrick Curry (ed.), Burlington, VT: Ashgate, 2010, p. 269.

[2] Ibid., pp. 273-274.

[3] Susan D. Blum, *Lies that Bind: Chinese Truth, Other Truths*: Lanham: Rowman & Littlefield Publishers, 2007, p. 160.

外，也从价值判断的角度"雕刻"着自身以及顾客。例如前文案例中从业者可以从一个权威的角度出发对顾客的言行展开道德批评。他们本身并不具有道德优势或权力优势。但是玄学知识体系以及咨询的话语场景临时性地赋予从业者一种主动的地位，进入客户咨询问题背后的日常生活世界来拿捏轻重。术数从业者帮助顾客在权力和支配关系中重塑个体的伦理倾向。本土术数的伦理强调引导人反思自己的社会角色，在履行责任中实现自我。这种倾向的一个基础在于，在中国传统思想中，没有理论依据的技术应用是不完整的。技术实践总是需要伦理基础，必须受到道德规范的约束；术数作为一套实用技巧受先验学说的支配。在主流价值观体系中，经"大传统"验证的伦理立场很容易在民间宗教的家庭、地方和政治象征和仪式中体现，术数是基于这种立场的传达道德信息的一种手段。

  本书初步探讨了术数从业者之间的关系以及职业术数从业者、术数爱好者和支持者各自与世界沟通的方式。本书无法详细讨论术数的社会观念，仅就术数从业者如何建构自我进行了初步解释。这些解释将帮助我们理解一些从事社会边缘活动的人如何进行自身的建构。[1] 只有深入了解术数这类社会边缘职业群体的行为和心理，掌握其信心来源与脆弱之处，我们才能把握其行事要领，继而运行有效的管控措施。术数蕴含了大量的不合理推理、毫无准确度的判定以及陈旧的道德规约，蒙蔽了很多本可以更清醒的头脑和心灵。在进行反迷信的宣传科普工作时，应当对迷信有一个整体全面的认知，才能知己知彼、百战不殆，本书的意义就在于呈现这样一个认知的截面。

---

[1] Luc Boltanski and Laurent Thévenot, *On Justification: Economies of Worth*, Princeton, Oxford: Princeton University Press, 2006.

附录

当代算命占卜的自我合理化[*]

中文里"算命"侧重于对个体命运的推算,"占卜"则侧重于对事件的预测,此处两个词汇并用以对应广义的占卜(divination)。作为文化概念分类体系中的"迷信",算命占卜常被归为"迷信"积习、历史流弊。我国无神论学者牙含章认为迷信包括宗教迷信、封建迷信和一般迷信。一般迷信指鬼神和命运的信仰;封建迷信包括祖先祭祀、求神问卜、驱鬼治病、择日、算命、相面、风水、阳宅、会道门等。可见算命占卜作为官方话语里的"封建迷信",和其他迷信的区别在于,它指代那些没有被纳入制度性宗教的、以命运信仰为基础的个人实践和组织活动。[①] 同时算命占卜从业者也惯常被塑造成以"江湖"伎俩愚弄民众的形象。人类学者Anagnost曾总结,汉语语境里的"封建迷信"关联着如下标签:经济落后、政治觉悟低、犯罪、旧社会、邪恶、缺德、不理性、市场和女性。[②] 一方面,算命占卜作为在法规条例里被禁止的"迷信"无法完全坦然地现身,在正式场合下常需转借其他名目,如"咨询服务""国学"等来开展活动。另一方面,"迷信"活动普遍存在。根据中国科协2003年发布的《第三次"中国公众对未知现象的抽样调查"报告》[③],六成以上公众认为算命对社会有危害,然而,40%的应答者表明自己曾有算命行为,2/3的应答者认为日常行为会受到算命结果的影响。各个方面的迹象都表明,

---

[*] 原文刊于《民俗研究》2014年第4期,第145—152页,收入本书时作者略作修改。
[①] 牙含章:《无神论和宗教问题》,上海人民出版社1964年版,第53页。
[②] Ann Anagnost, "Politics and Magic in Contemporary China", *Modern China*, Vol. 13, No. 1, 1987, pp. 40–61.
[③] 中国科协调研宣传部、中国科协管理科学研究部:《第三次"中国公众对未知现象等有关问题的看法的抽样调查"报告》,www2.cdstm.cn/c/showmedium.jsp?id=51579,2013年11月4日查询。

算命占卜活动正迎来新的活跃期。作为一项日常咨询服务，一些城市出现了算命从业者集中的街区，网络论坛讨论、网上算命等也异常活跃。为什么一种典型的"迷信"，一种被官方和主流意识裁定为落后、非理性的行为，却在当今社会有如此繁荣的景象呢？原因是多方面、多层次的，下文将主要从从业者群体自身的诉求和实践的角度对这一问题进行阐发。

算命占卜在各个社会中普遍存在。根据戴维施（Devisch）的梳理，人类学、民俗学对占卜的解释究路径总体有三。第一，认知派，即从认知上说明占卜的逻辑链条，以增进对占卜现象的理性理解；第二，结构功能的剖解，尤其申明占卜的社会意义；第三是符号学和语义学路径，突出占卜本身独立自洽的知识体系、符号模式和占卜者的转变历程，甚至审美要素。[1] 对后世影响最为深远的经典论述分别来自埃文思－普里查德和维克多·特纳对非洲部落的占卜及相关仪式的符号分析。埃文思－普里查德强调实际的思考和宗教的思考在占卜里是分离的，占卜实践者其实清楚实际的因果关系，实践者关注的问题是因果解释之外的问题，比如"为何事件发生在自己身上"[2]。维克多·特纳揭示了占卜对社区整合、申明集体道德等有关键性的作用。[3] 华语世界的占卜研究则多落在认知和功能的范畴上，从算命占卜对顾客情绪心理的安抚、指导效力来分析其存在的原因。但是对于占卜如何在新时代条件下积极吸纳新策略来博取话语权和发展空间，相应的深入研究还很稀缺。现有研究多将算命占卜视作以民间信仰为根基的日常民俗咨询服务，将之当作生活习惯和历史文化的有机构成。例如柏建承和徐鸿的硕士论文，都以一位算命先生的生活史为具体的民族志材料，发现算命不仅能满足人们的日常需要，同时还扎根于民间信仰、当地居民生活习惯之中，也能吸纳商业化等新方式以积极调整自身和适应现代化进程，但是这两项研究对于调整和适应的具体过程并没有展开

---

[1] Rene Devisch, "Perspectives on Divination in Contemporary Sub–Saharan Africa", in Wim M. J. van Binsbergen, Schoffeleers, J. M., ed., *Theoretical Explorations in African Religion*, London, Boston: KPI Press, 1985, pp. 50–83.

[2] Edward Evans–Pritchard, *Witchcraft, Oracles, and Magic among the Azande*, Oxford: Clarendon Press, 1976.

[3] Victor Turner, *Revelation and Divination in Ndembu Ritual*, Ithaca, NY: Cornell University Press, 1975.

具体叙述。① 现实情况里一个庞大的算命占卜服务链条和行业正在成型并日益发展，从而需要在现有研究基础上纳入"话语"和"组织"的中层分析环节。综上，本文将对"算命占卜为何存在"这个常见问题的视角稍作转换，转向重视实践的过程分析，试图解释算命占卜在当今话语中是如何被再认识、再塑造的；算命占卜作为一个行业如何获得自身发展的合理性并被多方承认或接受。具体而言，达成承认的过程可以有多个角度，比如平行群体的交流、政权自上而下的赋予、民间自下而上的支持等。而本文所要重点讨论的，则是职业群体自身争取承认的过程——自我合理化。

关于研究对象的限定，按照占卜方法区分，当下中国最常见的占卜形式，有占星、塔罗等从国外引介而来的占卜，有运用本土知识的命理分析和预测技术的，还有抽签等半自助占卜，又有依靠附体通灵来获得超常能力的灵媒占卜。而依赖本土知识的占卜是国内普及性最高，也是目前各地街头营业门店中最常见的类型。本文关注的是这种常与"本土传统"关联在一起的占卜。方法上，作者于 2011 年 11 月至 2012 年 6 月以及 2013 年 12 月，对算命占卜的行业形态进行了长期访谈和参与观察，调查地点主要是一个北方的三线城市 L 市。该市市区一百万人口，辖区覆盖人口基础庞大的农村乡镇。L 市以前是较为贫穷的革命老区，近十年该市的城市化和民营经济发展迅速，使当地社会发生了巨大变化。之所以选择该市，一是因为作者在当地的人际网络提供了方便的调查条件；二是近十年来算命占卜服务社常见于该市的大街小巷，巫术、庙宇等民间信仰实践的复兴也颇显著。按照经营形式分，算命占卜业可分为公司、办公室经营、街头摊点等形式。注册营业的算命占卜门市多以企业咨询、信息咨询类别向工商部门注册，也有一些在家居场所执业。作者重点甄选访谈了七位从业者，其经营方式、年龄、性别、受教育程度等各不相同，以最大程度地代表 L 市算命占卜从业人员的整体面貌。材料还包括两位执业地点在北京的占卜从业者的访谈，以与 L 市的情况互相参照。如无特别说明，本文所有访谈资料均来自作者本人的田野调查，访谈对象姓名均为化名。

---

① 凌坤祯：《算命行为的历程分析：以一个紫微斗数的观察为例》，硕士学位论文，台湾师范大学教育心理学与心理咨询研究所，1993 年。柏建承：《占卜算命活动的社会与文化分析——以一个算命先生的生活史为中心》，硕士学位论文，中南民族大学民族学与社会学学院，2010 年。

一 从"周易研究"和"传统文化"角度出发的知识合理化

算命占卜实践虽有广泛的民众基础，却依旧面临各种政策限制。为了避开"迷信"污名的影响，"周易"成为最得力的行业代名词，从业者习惯将自己称作"周易研究者"，自己的职业则叫作"周易预测学"。20世纪80年代中国兴起"文化热"，周易、气功、特异功能风靡一时。虽然当前文化热已经退却，周易及相关研究的近似"神圣"地位却没有被撼动，并从国学的角度再次进入中国公众的视野，从业者常强调算命占卜的知识体系是以《周易》为源头的传统智慧，需要作为民族财富来继承。最突出的例证就是结合周易与管理学的相关书籍及培训班的风行。

"算命占卜的实践经千年没有消亡，经受住了时间的检验，存在即说明合理"，这种观点也在占卜执业者和爱好者中普遍存在。SZ六十多岁，在L市当地的周易协会兼职，他说，"在很早的时候，在中国的宪法上明文规定，这一类作为封建迷信，予以制止。现代的思想中还把它认为迷信。往往一涉及，就把它和巫婆神汉联系在一起。周易是一门科学，它是咱中国多少年来留下的宝贵遗产。它集中了中华民族的智慧"。他还说，"八几年，国法列为封建迷信，九一年改了。最近全世界都有周易热。周易是世界上贡献最大的学问。包括计算机也是根据周易的八卦，要不然也完事。"EY是个年轻的占卜爱好者，即将开始专业的风水策划，"我们风水学的都符合物理规律。不是迷信，千年流传下来，肯定有它的价值"。

曾有哲学专家和科普工作者对攀附周易的现象提出异议，[①] 各地相关部门也曾出台相应监管措施，基层亦有批评的声音。YZ，L市退休的地方图书馆馆长，曾参与创建地方周易协会，对打着周易旗号来算命的做法颇为不满："光M庄那里，光我知道挂牌的就10多个。胡吹海捧，不正经。"他把算命视为迷信，和周易作为学问截然分开："挂牌这些人没学问，是搞迷信的人。相信迷信的人找他，能赚钱的。但是他也有这套的本事。"同时他也将周易和民族挂靠在一起，对周易推崇备至，"周易，我

[①] 例如，1996年，中国自然辩证法研究会保卫科学精神委员会等四家单位，在北京联合召开了"周易算命流行的分析与对策研讨会"，就有很多学者对攀附周易的现象提出了异议。

《易经》本身作为一本占卜书籍，其悠久历史和在经典中的显要位置，为算命占卜从业者强调其学理、学术上的正当性提供了合法依据。在中国古代知识分类体系中算命占卜称作"术数"，和中医、养生等方技一同归入"方术"，作为一种实用知识而占有了一席之地。[①] 此外，文化民族主义为从业者增添了第二重正当性。一个流行观念是，传统文化的传承曾受到严重影响。而近年来，国学各门类被广泛视作"民族"智慧，由此地位被重新抬升。2000年以来，新一轮的传统文化热在学术圈和社会上产生了广泛影响，国学主题的电视节目、小学生读经等运动如火如荼。由此，很多算命占卜从业者也都以文化民族主义者自居，如从业者FH就表示："中国传统文化，这个十七大都提出了，文化是国家的生命。"文化民族主义之所以能被从业者反复强调，不仅仅是因为算命占卜借助周易、传统文化和国学的外壳获得了生存和准入权，也由于文化民族主义目前容易被官方许可，从而可赋予算命占卜获得政治合理性的一个桥接。例如WH，一个活跃的风水姓名专家，即在L市当地政协会议上做"普及传统文化刻不容缓"的发言，建议地方政府组织传统文化讲座，普及传统文化常识。

这里需要强调，除了出于功利目的强调对自身有益的上述话语，从业者也都普遍信任占卜的知识体系。例如访谈对象ZS坦率承认算命需要综合常识和社会经验来推断，但是他依旧强调算命是学问，有高度理性的成分："我一直有信仰（佛教），我不迷信，我要理性。那我为什么要信这个东西？首先《易经》不是迷信，是个综合分析社会自然规律的变化，是个高深的社会科学。"数术方技，和中国其他实用知识技能一样，都是建立在"阴阳五行"这个高度符号化和格式化的思维模式与逻辑工具基础上的，有一定的逻辑自洽性，并不依赖神灵信仰，从而可被附着上客观、可推理的理性属性。例如下面的算命对话片段中，SU告诉顾客说"水"对她的五行有利，要多利用：

> 顾客：我很喜欢游泳，这个也可以发展是吧？

[①] 李帆、朗宓榭：《近代中国知识转型视野下的"命学"》，《社会科学》2012年第6期，第147—154页。

SU：嗯。

顾客：真管用？

SU：嗯，这个不是迷信，是从五行上调节。

这里 SU 也沿用了科学 vs 迷信的分类法，但是却借助阴阳五行这套公理来反驳迷信的定位。科学、唯物主义的话语深刻影响了算命占卜从业者的自我认知，他们试图从认知上向科学、唯物主义靠拢。在国内较早流行的占卜类书籍《周易预测学》中，作者强调周易很少依附鬼神，面对"占卜强调心诚则灵，这是错误的唯心主义"的指责，作者从磁场、信息反应的角度来提供客观事实基础。"如果求占者，'意念'不强，精力不集中胡思乱想，信息会受到干扰，卦象就不能正确地反映出信息，就不会测准。"[1]

纵观当代算命占卜，一个显著的特点就是"周易""易经"几乎成了行业代称。《周易》的独特经典地位及后世赋予的"玄秘"定位，都给算命占卜执业者提供了知识源头上的文化庇护。另外，大国崛起背景下的文化民族主义思潮，也构成了继 20 世纪 80 年代气功热、特异功能热之后"大师""高人"等再度大量出现的背景之一。[2] 相比"气功热"，当代"算命热"的组织发育程度和社会动员能力都更为薄弱，算命占卜行业对于制度构建的诉求和实践，也呈现出新的特色。

二 "山寨专业化"：制度合理化

被算命用作依附的周易研究，被视作国学中的经典科目，因此很多从业者有意仿照学院样式将自己进行"学术化"的包装。笔者访谈的从业者，多在办公营业地点悬挂周易研究会议的集体合影、行业能力认证证书等，以证明自己的合法性。由此，取得专业性的符号资本，成为获取正当性和争取顾客信任的一个重要程序。这些证书和活动都脱离不了行业组织的发育。面对合法与非法之间的模糊定位，算命占卜开始自发地组织化、

---

[1] 邵伟华：《周易与预测学》，花山文艺出版社 1991 年版，第 54 页。

[2] David Palmer 将"气功热"，视为三种因素在社会主义中国背景下的交叉产物，即现代性的乌托邦工程、对超常能力的期待和对科学的崇拜。参见 David Palmer, *Qigong Fever: Body, Science, and Utopia in China*, New York: Columbia University Press, 2007。

专业化、标准化，希图建立自己的行业交流和专业认证系统。但由于缺乏国家公权力的认可与支持，此行业也就难以形成统一的权威性组织，多数组织也只能在其他地区（主要是香港地区）注册。他们仿照专业技术评估的体系，制作出会员、能力证书、认证资格、荣誉称号等各类名目，并予以商品化，因为获取会员资格、取得协会自己颁发的行业技能认证证书等都需要缴纳一定的费用。例如某周易协会在其网站上，就公开拿协会内部不同等级的任职资格出卖认捐：

> 加入本会需一次性自愿赞助相应会务活动费，根据联合会会员、联合会理事、联合会常务理事、联合会副秘书长、副会长、分会会长资格不等赞助，本会在收到申请资料后10天内颁发精制证书。[1]

近年来，各协会组织的各类以周易为主题的研讨会也是遍地开花，且会议的名目往往宏大，常与现代化、国际、东方、全球、中华等相连。会议主办单位可以是地方政府、地方社科联下属的周易研究会，也可以是注册形式为公司的私营研究机构。为了借助场所的权威性来证明会议的档次，举办地点往往选择著名大学。例如某次的周易会议邀请函，就特别强调了会议举办地的价值与意义："参加在北京大学召开的会议，不但能够提升自己的文化品位，更是能够提升自身的社会地位，或者说是提高自己未来发展的含金量，每位代表均颁发精致的中国易学发展北大论坛特邀出席证书。"[2]

与会者往往需要交纳两三千元的食宿费用。从具体的费用明细，我们能够明显看出这些会议对参加者的展示性意义。例如笔者收集到的一份某周易专家会议邀请函中就写明："普通参会价格2000元，以专家学者身份出席，交纳2200元（专家席就座），以主席团领导身份出席，5000元（主席台就座）。提交易学论文后，如果想将论文发表于正规刊物，或将自己名字印入花名册、制作证书匾额还需要另外缴费。"某会议说明写道："易学研究机构入编《国际易学名人录》，每个单位占一页，文字500

---

[1] http://www.zhouyi.qiming123.com/中华周易联合会入会登记表.doc，2013年11月4日访问。

[2] http://www.cnddy.com/dahui-lp.htm，2013年10月3日访问。

字以内，入编费 1000 元。学者入编《国际易学名人录》者，本人简介 200 字以内，入编费 200 元，需要入编证书者另增加 100 元。应广大学者要求，会议准备制作匾式出席证书和《国际易学名人录》入编证书，每块 1200 元。"①

参加会议也是发展关系网络、扩展个人发展机遇的良好机会。MF 在北方小城老家开设了本地第一家以风水、姓名策划等为主业的咨询公司，现在每年经营额上百万元。他说自己之所以能开当地风气之先，源于他早年去外地开会时从广东同行的经历获得的启发。而最直接的制造关系的方式莫过于"合影"，因此很多会议都将与名流合影作为吸引人的招牌，如某会议就特别在通知里强调："国内外知名专家、教授、社会贤达纷纷支持本届大会及论坛，并作为贵宾准时参加，并有多位老领导及企业领导作为列席贵宾参会，大家欢聚一堂，合影留念，开阔思路，广结贵友。"②

提高自己在市场中的吸引力和合理性，为日益庞大的行业营造出专业化的公共印象，也是一些算命占卜从业者由衷的愿望。一般健全制度下的专业化（professionalization），指从专业上划分领域，由具有公信力的机构设立一定的标准和认证机制，将专家同外行、业余爱好者和不合格者区分开来，而专业化意味着更高的地位、更为垄断的经营和更有公信度的认可。具有大专学历，既行医也开算命馆的 FH 期待中国的算命占卜行业能够标准化，他这样说道，"周易这个行业，中国完全没有制度的东西。现在没有纳入管理，没有考试制度。只要我说，你相信，就成交，门槛低。民间的，学问低素质差，无形中就带着欺骗色彩"，"越制止越神秘化"。

算命占卜行业目前的政治合法性地位并不清晰，可以随时被公安或工商部门取缔，但同时又没有明确的对应职能部门来管理。其专业化诉求在责任监管方面无法实现，而在自由市场中泛滥为明码标价的商品，并催生出一批缺少公信度、缺少国家权力认可的机构和项目。各类相关组织通过创造有助于塑造专业形象的经验、文书、凭据等，将之当成商品售卖给任何需符号资本的从业者。因此，当前围绕着算命占卜的学术和专业化问题，已经衍生出一条"会议产业链"，产生了一种此处暂称为"山寨专业化"的经济模式。

---

① http://blog.sina.com.cn/s/blog_ 5a1cf8bd0100jdxh.html，2014 年 2 月 1 日访问。
② http://www.c-z-y.com/index.php/571.html，2014 年 3 月 25 日访问。

三 "社会关系学"和"命运心理咨询"：
　　动机效果合理化

　　算命占卜从业者除了要在知识和组织上解决"正名"的问题，还要弥补行业在道德伦理上的先天缺陷。算命占卜是一种信息咨询服务，不需要成本，也没有正式的准入门槛。凭口头交流获取酬劳的行业性质，使得从业者通常会做一些夸大其词的演出，针对不同顾客特质有针对性、有策略性地说话，以加强断言的准确度，甚至在引导顾客使用破解、改运等方法时收取额外费用。使用社交言辞的技巧对顾客进行引导，虽是行业技艺，但也被视作不正直的"江湖"门道。

　　上述行为对日常道德和完备人格的侵蚀，使从业者呈现出一种复杂的心态。他们不但介怀抵触，甚至会承认并感到自卑。台湾资深命理从业者梁湘润曾多次指出，"江湖"是让同行抬不起头来的主要原因。[①] 针对这个特点，从业者需要从行业的社会意义和执业动机上来为自己辩护，以求认可。作者发现这种辩护和算命占卜的两个鲜明特点有关：一是传统伦常经常成为主导话语，对家庭、孝敬、忍让的提倡远多于对个人需要的伸张；二是心理问题和心理干预在现代社会得到广泛认可。

　　L市最红火的一处算命占卜摊由ZH打理，高峰期每天都有十多个人排队等待。ZH笑容可掬，易与人熟络。但当顾客对长辈不够恭敬或对家人抱怨太多时，他的态度会明显改变。一次ZH以近乎训斥的口吻对一个抱怨父母唠叨的年轻女性说："那样可不行！老的无过天无过！哪能那样对老的说话。你回去告诉他们我之前算的，过几个月形势转好。他们心里舒服了，就好了。"从业者不但喜欢强调长幼尊卑，还会遵循另一个原则，即对于身陷婚姻危机的顾客，均劝合不劝离。针对这个事实，从业者LU说："有些人现在还是对这个行业有些贬低，实际在社会上有调和作用，是个社会关系学。想离婚的来，但你不能跟他破婚，都得说合。为了小孩为了家庭，单亲家庭的孩子都不好，缺爹少娘。"

　　台湾的一些研究发现，算命先生惯常从父母子女及夫妻间的相处之道出发，要求当事人先反省自身，通过忍让以达到解决问题的目标。这些判

[①] 梁湘润：《星相书简法卷（天册）》，台湾行卯出版社1995年版。

断并非算命的技术性建议,主要是算命人本人所信奉并表达出的价值。[1]人类学者凯博文(Arthur Kleinman)也发现,中国内在精神体验的表达机制呈现如下特征:社会关系的和谐;高于潜在的、破坏性的以及自我中心的内在精神体验的表达;对在家庭范围外公开表达个人苦痛持强烈的负评价;等等。[2]造成算命占卜有传统伦理倾向的原因有多种,其中的一个重要原因来自文本。本土算命占卜的典籍自古代流传下来,其编纂者多是信奉儒家伦理的知识分子,由此导致儒家价值观渗透于其逻辑体系和基本伦理取向中。此外L市从业者以中老年男性居多,更容易被汉族社会传统文化价值体系所濡化。[3]

  L市算命占卜店面的招牌上,也常见将"心理咨询""人生指导"等列入服务项目的,并与八字、风水等并置。在一个网络论坛上,有新入门的行业新手甚至向同行请教,他应该投资做心理咨询还是算命占卜。"算命就是心理咨询",是我在调研过程中常听到的一种从旁观者角度发出的对算命占卜的议论。算命占卜在心理层面的作用,笔者认为至少可归纳为两个方面:一是定心,茫然徘徊左右为难时,算命先生能在顾客内心已有权衡的基础上帮顾客拿一个主意;二是宽心,不管测算的实际情况如何糟糕,算命先生一般总会以正面话语作结,给人以希望,绝不泼人冷水。而顾客对算命先生的言语倾诉,根据董向慧的研究,也具有宣泄、归因、换位思考、抽身反观、合理化事件等多重功能。[4]

  算命占卜从业者对心理咨询的了解和认可程度并不均等。对"心理咨询"没有概念的算命占卜从业者,对算命占卜的心理调节效果有非常朴素的认识,他们明白顾客上门并不单纯是为了知晓命运。从业者LU说:"有些人没事也老来我这坐着。说往这坐一回说一会儿,就感觉舒坦。他们就是想跟我拉呱(方言,即闲聊)。"有些人则明确地将算命占卜定位为以命运为中介的心理咨询,以求融入现代分工体系并获得社会认可。中医医生FU利用业余时间做一些诸如看风水、起名等业务,还考取

---

[1] 凌坤桢:《算命行为之历程分析——以一个紫微斗数算命的观察为例》,硕士学位论文,台湾师范大学教育心理学与心理咨询研究所,1993年。

[2] Arthur Kleinman, *Social Origins of Distress and Disease*, New Heaven: Yale University Press, 1986.

[3] 相比之下,作者参与观察的占星术论坛和网络讨论群组里,个人需求和情绪化的表达更为主流,这和顾客及占星师多为年轻女性有关。

[4] 董向慧:《中国人的命理信仰》,上海人民出版社2011年版。

了心理咨询师资格证。他很看重心理咨询对"周易事业"的意义，认为心理咨询为周易提供了一个合法的平台，使其被法制所接纳。"首先是合法性。合法性非常重要，现在是法治国家，如果不合法，从事什么行业都不行。开车有驾驶证，行医有行医资格证，心理咨询也有证。唯独周易没有。如何引导，是不是加强管理，这是很重要的。得有个考试制度，像会计师、物流师、心理咨询师。这个产业，大街小巷都有。涉及图书、音像、宣传发行，愈演愈烈。换了政策，可能又全撤销。"其次，FU看到算命占卜和心理咨询处理的问题往往是重叠的。"什么是精神病和神经病？我读了大量的书。精神这方面，人往往抑郁，重了自杀。出现幻想，情绪暴躁，精神分裂，喋喋不休，把自己的事情想得十分美好。但这个在农村，又掺和巫术、魔怔、附体。在民间有治疗这个疾病的，专门治疗这个疑难杂症，却越治越厉害。心理咨询和周易，能引导病人。"再次，算命占卜和心理咨询处理问题的有效机制也是类似的。"前段时间我对我周易学习班的学员说能不能和心理学心理咨询师挂上钩。把心理咨询读透了，不管谁来找你，算命就是心理咨询的一个范畴。周易也好巫术也好，罗列出来就是俩字，沟通。一旦沟通成功了所有问题都解决了。信任比'准'重要。为什么走到心理学范畴来？很有效果。X区有个青年社会名流，婚姻家庭出现问题，调理风水后喜事连连。第二天两口子不吵闹了，女的身体疾病自愈。我自己说，到底风水还是什么作用？我自己觉得风水不是主要，心理上的，或者周易促进人心里能量的释放。"最后，他将算命占卜的落脚点也放置在心理的层面。"我非常喜欢这个行业，因为你能洞察到人的心理。喜悦的来给新生儿起名，我给他一个信息他很满意，觉得完成一个大事，他无形中很顺。咨询师，实在讲，就是喜悦。"

也有算命占卜从业者认为自身所从事的行业相较心理咨询更有优越性，心理咨询一时还不能取代算命。在北京一家佛学书店里经营算命占卜摊位的ZH说："一个调查说30%的中国人口有心理问题，但是心理医生在总人口中的比例很低，可能是十万个人里有一个？远远跟不上需求。咱们国家的心理咨询不是很有前景，现在刚刚起步，离标准化还很远，算命就成替代了。"ZH的总结只陈述了一个方面，即心理咨询业的不成熟，还没有涉及心理咨询在认可程度上的劣势：一是顾客容易遭受污名化的待遇，而算命的日常性可以完全排除这种担忧；二是心理咨询往往价格不菲，且进展慢、耗费精力大。但"心理咨询"在中国是一个新兴却有科学和官方支持的"合法"行业,因此算命和心理咨询并置的本质,是传统行业与现代行业之间的竞争和前者对后者的依附关系。二者兴起的共同背景和前提是精神健康概念在中国的普及,虽然二者在行业准入和考核机制上都欠完善,但算命占卜借助心理咨询机制发育不全、心理疾病污名化的客观现实,而将心理问题明确纳入自己的业务领域内。

一个网络算命的从业者,网名"朱算子",写有一篇网络日志并被广为流传。日志主要倡导人们不要对算命的准确度抱以不切实际的过高期望。他承认算命无法完全切中实际,但作者强调:"算命的真正意义,在于让人们正确地认识命运,理解命运,从而调节好一些不积极、不健康的心理和生活态度,让自己更加理性而平和地面对生活和接受生活。如果能做到这一点。那么对于顾客和命师双方来说,才是真正成功的。"与前面两种态度不同,这篇广受赞誉的网络文章给出的"命运心理咨询师"的说法,既没有将算命占卜融入心理咨询的保护伞下,也没有划清界限,而是取二者的共性锻造出自成一体的新身份。"一个真正成功的和有责任感的命师,既要给人正确预测将来的命运,并教给人改运的方法,又要传递给人以积极乐观的生活态度;既要做高水平的预测师,更要做有责任的命运心理咨询师和指导师,让悲伤的人变得快乐,让颓废的人变得积极,让极端的人变得平和,这才是一个命师的真正责任。"[①]

四 结论

从业者的合理化,是算命占卜职业群体为获得国家准许和社会认可而建构自身合法性的过程,也是从地下、边缘试图重新楔入大众生活、现代体制的过程。知识层面的合理化过程浸染着文化民族主义的色彩,从业者和拥护者将算命占卜的实践,追根溯源,转换成算命占卜的古代典籍《周易》及其研究,并把算命占卜的知识提升到更高类属的"传统文化"层面,将社会赋予古代哲学和传统的正面价值,嫁接到算命占卜上来。在制度组织层面,算命占卜行业以商业化和专业化来谋求自身生存空间的扩展。现代社会仰赖"专家系统",除了传统的口口相传、熟人介绍之外,

---

[①] 朱算子:《朱算子谈命理:算命准吗?我们应该怎样看待命理?》,http://blog.sina.com.cn/s/blog_ 4a4f32b90100n7sp.html,2013年10月6日访问。

算命占卜为笼络顾客也越发依赖匿名性的信息交流和有公信力的证书、文凭等佐证，依赖仿照标准化的认证体系、学术体系而"山寨"出的专家资格。在效果动机层面，个人心理的疏导成为算命占卜在个体化时期的新招牌。顾客的需求和新兴的心理咨询、心理干预这类参照体系，要求从业者拾取"心理疾病"这个视角，来为现代人对命运的不安"诊脉"。同时，算命占卜又有强烈的传统和保守倾向，常常从命运评判演变出关系导向的伦理说教和关怀。民间算命占卜从业者，看到了个体是社会关系中的个体，因此会针对顾客个人具体情况进行"拉家常式"的劝说，同时也会援引儒道佛理，要求顾客进行自我审查和修持。

算命占卜在当代中国的流行，印证了各个文化均会遭遇的一个经典命题，即在市场、理性、全球化和国家—民族主义的崛起背景下，所谓神秘、不科学的活动及信念并不会随之消退。本文想要强调的是，在急剧变动的社会，如当代中国，占卜自身也会有更新演变的过程。其自我赋权一方面受制于当时当地的社会文化，另一方面又紧密依赖于这些文化，如对主流话语的紧密攀附、对现代专家体系效用的借用等。而算命占卜等民间实践活动通过灵活地重建与体制的关系，亦扩大了主流社会反照自身的想象空间。

参考文献

中文著作

陈平原:《千古文人侠客梦》,新世界出版社2002年版。
董向慧:《中国人的命理信仰》,上海人民出版社2011年版。
李零:《中国方术考》,东方出版社2001年版。
李亦园:《文化与修养》,广西师范大学出版社2004年版。
李泽厚:《说巫史传统》,上海译文出版社2012年版。
连阔如:《江湖丛谈》,中华书局2012年版。
梁湘润:《天册:星相书简法卷》,台湾行卯出版社1995年版。
梁湘润:《术略本纪》,台湾行卯出版社2009年版。
刘祥光:《宋代日常生活中的卜算与鬼怪》,台湾政大出版社2013年版。
陆致极:《命运的求索:中国命理学简史及推演方法》,上海书店出版社2014年版。
王安石:《王安石全集》,吉林人民出版社1996年版。
王铭铭:《村落视野中的文化与权力——闽台三村五论》,生活·读书·新知三联书店1997年版。
王学泰:《游民文化与中国社会》,学苑出版社1999年版。
张静:《法团主义》,东方出版社2015年版。
(宋)徐子平:《渊海子平》,海南出版社2002年版。
[法]禄是遒:《中国民间崇拜:命相占卜》,上海科学技术文献出版社2014年版。

中文论文

范青:《中国心理咨询的发展与现状》,《上海精神医学》2006 年第 1 期。

胡乔木:《反迷信提纲》,《中共党史研究》1999 年第 5 期。

林珊珊、梁为:《风水江湖》,《南方人物周刊》2012 年第 5 期。

凌坤祯:《算命行为之分析:以一个紫微斗数算命的观察为例》,硕士学位论文,台湾师范大学教育心理学与心理咨询研究所,1993 年。

刘永明:《唐宋之际历日发展考论》,《甘肃社会科学》2003 年第 1 期。

瞿海源:《术数流行与社会变迁》,《台湾社会学刊》1999 年第 10 期。

邰筐:《官场风水学》,《方圆法治》2011 年第 9 期。

肖美丰:《朱熹风水堪舆说初探》,《齐鲁学刊》2010 年第 4 期。

朱伯崑:《发扬科学思维 发扬王充精神》,《自然辩证法研究》1996 年第 4 期。

外文著作

C. K. Yang, *Religion in Chinese Society: A Study of Contemporary Social Functions of Religion and Some of Their Historical Factors*, Berkeley, Los Angeles, CA: University of California Press, 1961.

Christopher Lupke, ed., *The Magnitude of Ming: Command, Allotment, and Fate in Chinese Culture*, Honolulu: University of Hawaii Press, 2005.

Ellen Oxfeld, *Blood, Sweat, and Mahjong: Family and Enterprise in an Overseas Chinese Community*, Ithaca, NY: Cornell University Press, 1993.

Emily Martin Ahern, *Chinese Ritual and Politics*, Cambridge, New York: Cambridge University Press, 1981.

Erving Goffman, *Stigma: Notes on the Management of Spoiled Identity*, New York: Simon & Schuster, 1986.

James D. Faubion, *An Anthropology of Ethics*, Cambridge, New York, NY: Cambridge University Press, 2011.

Jean E. DeBarnardi, *The Way that Lives in the Heart: Chinese Popular Religion and Spirit Mediums in Penang*, Stanford, CA: Stanford University

Press, 2006.

Jiwei Ci, *Dialectic of the Chinese Revolution: From Utopianism to Hedonism*, Stanford, CA: Stanford University Press, 1995.

Jonathan Ungered, *Associations and the Chinese State: Contested Spaces*, Armonk, NY: M. E. Sharpe, 2008.

Joseph Needham, *Science and Civilisation in China: History of Scientific Thought*, Cambridge, UK: Cambridge University Press, 1956.

Karyn Lai, *An Introduction to Chinese Philosophy*, Cambridge, UK, New York: Cambridge University Press, 2008.

Luc Boltanski and Laurent Thévenot, *On Justification: Economies of Worth*, Princeton, Oxford: Princeton University Press, 2006.

Maurice Freedman, *The Study of Chinese Society*, Stanford, CA: Stanford University Press, 1979.

Michael T. Taussig, *Mimesis and Alterity: A Particular History of the Senses*, New York: Routledge, 1993.

Michael Winkelman and Philip M. Peek, ed., *Divination and Healing: Potent Vision*, Tucson, AZ: University of Arizona Press, 2004

Ole Bruun, *Fengshui in China: Geomantic Divination Between State Orthodoxy and Popular Religion*, Copenhagen: Nias Press, 2003.

Philip Manning, *Erving Goffman and Modern Sociology*, Stanford, CA: Stanford University Press, 1992.

Philip Taylor, *Goddess on the Rise: Pilgrimage and Popular Religion in Vietnam*, Honolulu: University of Hawaii Press, 2004.

Rebecca Nedostup, *Superstitious Regimes: Religion and The Politics of Chinese Modernity*, Cambridge, MA: Harvard University Asia Center, Distributed by Harvard University Press, 2009.

Richard J. Smith, *Fortune - tellers and Philosophers: Divination in Traditional Chinese Society*, Boulder: Westview Press, 1991.

Robert Dingwall, *Essays on Professions*, Farnham: Ashgate, 2012.

Suisheng Zhao, *A Nation - state by Construction: Dynamics of Modern Chinese Nationalism*, Stanford, CA: Stanford University Press, 2004.

Vincent Goossaert and David A. Palmer, *The Religious Question in Modern China*,

Chicago: University of Chicago Press, 2011.

Wendy Brown, *Edgework: Critical Essays on Knowledge and Politics*, Princeton, NJ: Princeton University Press, 2005.

Xin Liu, *The Otherness of Self: A Genealogy of the Self in Contemporary China*, Ann Arbor, MI: The University of Michigan Press, 2002.

Yi-Chieh J. Lin, *Fake Stuff: China and the Rise of Counterfeit Goods*, New York: Routledge, 2011.

外文论文

Andrew Kipnis, "Introduction: Chinese Modernity and the Individual Psyche", in *Chinese Modernity and the Individual Psyche*, Andrew B. Kipnis ed., New York NY: Palgrave Macmillan, 2012.

Arif Dirlik, "Guoxue National Learning in the Age of Global Modernity", *China Perspectives*, No. 1, 2011.

Barbara Tedlock, "Toward a Theory of Divinatory Practice", *Anthropology of Consciousness*, Vol. 17, No. 2, 2006.

Charles Stafford, "Misfortune and What Can be Done about It: A Taiwanese Case Study", *Social Analysis*, Vol. 56, No. 2, 2012.

David J. Kim, *Divining Capital: Spectral Returns and the Commodification of Fate in South Korea*, PhD dissertation, Columbia University, 2009.

Donald J. Hatfield, "Fate in the Narrativity and Experience of Selfhood: A Case from Taiwanese Chhiam Divination", *American Ethnologist*, Vol. 29, No. 4, 2002.

Gananath Obeyesekere, "Social Change and the Deities: Rise of the Kataragama Cult in Modern Sri Lanka", *Man*, Vol. 12, No. (3/4), 1977.

Li Yiyuan, "The Traditional Chinese View of the Cosmos and the Practice of Daily Life", in *Streetlife China*, Michael R. Dutton ed., Cambridge, UK, New York, NY, USA: Cambridge University Press, 1998.

Nadia Seremetakis, "Divination, Media and the Networked Body of Modernity", *American Ethnologist*, Vol. 36, No. 2, 2009.

Nerida Cook, *Astrology in Thailand: The Future and The Recollection of The Past.*

PhD dissertation, The Australian National University, 1989.

Ole Bruun, "The Fengshui Resurgence in China: Conflicting Cosmologies between State and Peasantry", *The China Journal*, Vol. 36, 1996.

Paul Sangren, "Fate, Agency, and the Economy of Desire in Chinese Ritual and Society", *Social Analysis*, Vol. 56, No. 2, 2012.

Stéphanie Homola, "Pursue Good Fortune and Avoid Calamity: The Practice and Status of Divination in Contemporary Taiwan", *Journal of Chinese Religions*, Vol. 41, No. 2, 2013.

Stevan Harrell, "The Concept of Fate in Chinese Folk Ideology", *Modern China*, Vol. 13, No. 1, 1987.

Xinzhong Yao, "Religious Belief and Practice in Urban China 1995 – 2005", *Journal of Contemporary Religion*, Vol. 22, No. 2, 2007.

索 引

A

阿多诺 4，118，137

B

报应 5，24，63，65，78，79，93
不确定性 8，13，24，47，61，76，86，137

C

财富 3，5，18，37，38，40，44，55，60，64，97，100，136，137
超自然 2，7，8，12，30，36，37，56，61，98，100，120
城市化 7，48，53

D

道教 17，19，31，43，135

F

法兰克福学派 4
法律 2，10，26，47，76，107，123

佛教 3，5，14，17，19，20，31，43，56，61－63，65，79，83－86，89，121，122，138

G

关联性思维 29，36，37，138

H

婚姻 60，72－75，79，83，87，117，136

J

吉祥 30，105
焦虑 8，67，70，73，75，85，93，137

L

李亦园 37，80，119
灵媒 11，21－23，29－31，37，61，80，106

M

模仿 14，123，131－133

Q

气功　12，28，56，99，100
起名　30，53，85，88，104，128
情感　4，14，32，75，91，121，136，139，140
权威　5，8，16，17，36，43，78，89－91，93，97，100，101，106，117，118，120，122，125，127，133，141
全球化　4，100，103，136，140

S

商业化　14，86，106，130，136，139
身体　3，28，30，37，56，62，64，87
四柱　30，31，83，99，140

T

天命　16，17，20
推理　1，5，31，37，38，45，56，80，82，93，99，100，106，138，139，141

W

污名　9，19，27，48，58，106，119，131
五行　1，17，20，27，36，37，63，80，81，83，84，97，99，104，139

X

象征资本　14，27，48，131，133
心理健康　69，91，113，114，116
玄学资本　119，123

Y

宇宙观　4，12，13，20，27，28，31，36，37，56，81，96，100，101，107，120，135，138
欲望　3，7－9，38，41，55，65，78，92，137

Z

占星　1，3，4，6，16，17，20，21，40，60，104，118，138，139
真实性　36，131，138
中国科学技术协会　12
专家系统　14，136
资本主义　3，4，40，102，132，137
自然主义　36，139

后　　记

　　学术研究是内外多重因素交叠作用的结果——研究者的个人生命史、社会关系网、文化传承、学科的发展走向，以及"认识你自己"这个永恒的宏大命题衔接在一处，才结成一份研究的成果。一篇论文、一部专著，看上去干净而完整，仿佛是从无菌环境里被制造出来。大家心知肚明的是，每件作品的生产过程，都和日常生活世界有千丝万缕的关系。看似必然的事件，背后都有许多偶然因素；看似直截了当的内容呈现，内中皆包绕着盘根错节的曲折路径。本文坦陈研究前后经过，交代个人在思辨与实践中遭遇的挫折与走出困境的方法，并夹叙夹议地致敬一些帮助过我的师友。

　　在研究理路上，著名社会学家费孝通晚年的著名论文《试谈扩展社会学的传统界限》对我影响颇深。[①] 费老纵观本土人文传统，将其视为现代社会科学研究的资源与养料。费先生提醒中国的研究人员，应将注意力扩展到一些以前未曾认真处理过的重要问题上，例如"天人合一"的价值观、"精神世界"、文化的历史性视角、只可"意会"的社会关系、难以确切把握的自我、心的概念等。费孝通实际在提醒国内的同行，除了政治、经济、制度等"硬"的层面，是时候去探索那些"软"的东西了——那些难以象形、不可计量、平淡无奇，却每时每刻都在发生作用的要素，尤其是从本土文明的沃土里生长出来的本体论与方法论。在硬与软的穿梭中，费先生援引古代文明的智慧，将人放在广义的自然演化过程中，希望研究工作能沟通"生物性"与"社会性"的樊篱，打破人与自

[①] 费孝通：《试谈扩展社会学的传统界限》，《北京大学学报》（哲学社会科学版）2003年第3期，第5—16页。

然的二分法，进一步观照古今中外普同的人性。同时，费先生也意识到，接近变幻莫测的"意识"议题，难度很大，他特别强调方法论上大可不拘一格，借鉴东方的智慧，闯出新路来。

"中国今天的社会学，应该探讨古人谈了几千年的这个'心'，究竟是什么东西。"[①] 费先生文中的这句话一直盘桓在我的脑海中。在硕士项目接近尾声的时期，我萌生了一个研究设想，期待能够探讨本土文明观里的"心"。最开始的题目设计是研究巫医治疗。2009年我在回鲁南探亲期间，发现当地农村重新流行起叫魂、"打送"、许愿、"还人"等巫医治疗的仪式。一度消失的巫医现在门前人满为患，几个巫婆神汉甚至结成组织，派专人负责"前台"接待和文书记录。依照当时的田野记录，2009年农历三月至五月，一个神婆主持办理的仪式多达60多个。按照旧俗，巫医是不定价码的，随来者心愿，但当时巫医开始标定明确的价格，一个仪式花费可以高达两三千元，增加了市场化的色彩。我的诸多亲属积极投身其间，包括我自己都被劝导着参加了巫医主导的"还人"仪式。[②] 亲身见闻和经历直接引起我对这一现象的关注。人们求助于巫婆神汉，除了寻求一般性的保护，主要是想要治疗"虚病"。虚病的常见表现有精神恍惚，或受了刺激惊吓，或心中有矛盾解不开，心情悲苦、无名痛等。经过摸脉、问讯等诊断，巫医区分实病和虚病，如果病人得的是实病，巫医会坚决建议病人去医院或吃中药治疗，他们自己无法对付实病。只有那些生理无恙但依然不正常的人才是"有说法的"虚病者，属于巫医治疗的范围。从科学的眼光看来，他们对于"无名痛"的原因解释例如鬼上身、吓掉魂、故去的祖先捣乱等，显得荒谬；他们夸张的做法过程像是一系列滑稽的戏剧展演。但从客观效果上看，一些求助者认为达到了疗愈目的，

---

① 费孝通：《试谈扩展社会学的传统界限》，《北京大学学报》（哲学社会科学版）2003年第3期，第14页。

② "还人"的基本假设是：每有一个人出生，阴间就少了一个名额；或者有的人原本是天上的道童、仙女或罗汉，阴差阳错出生在人世间。如果"把子"不硬（意思是身体弱），就会招致他们原属的阴间或天界力量的纠缠，需要用"还人"来对付。即用纸人代替本人把亏欠阴间或者天界的名额还回去。"还人"仪式复杂，要先扎好纸人替身，接着要烧纸、摆供、点蜡，将纸人开光喂饭，再让纸人吃饭喝水。由当事人的亲属，由近至远逐个给纸人喂饭喂水，然后还要书写还人的文书，连同纸人、黄表纸一起烧掉。最后，还要"闯关"。神婆在先，当事人紧随其后，参与还人的众亲属在最后。大家围着摆满贡品的桌子，边跑边朝事先准备好的簸箕里扔钱，神婆嘴里念叨着特定的咒语，直至闯关结束。

自己恢复了正常。巫医在农村人的日常生活中扮演着不可忽视的角色。而且巫医治疗的范围超出了农村，很多陷入"无名痛"的城市人可能看过中医、西医均无起色，遂转而来求助。在鲁南家乡一些出名的巫医家门前，每逢周末，从各地城市开来的汽车排起长龙，前来求助者络绎不绝。在西方科学的思考体系里，实际上这些症状多半源自"心病"，即精神或心理上遇到了难题，才表现出来异常的症状，包括躯体化的病症。在"心理语言缺位"的环境下，"迷信专家"成为当事人的求助对象。疾病分"实"与"虚"，和社会科学研究对象的"硬"与"软"相对应。受众广泛并且覆盖城乡的"虚病"观念引起我的学术兴趣，因为它与"心"的渊源颇深，又对应着本土策略。中国的心理困扰者经常辗转于中医、西医（包括器官的和心理的两类）和制度化宗教、民间信仰等多套体系，最末一种对于主流文化来说是一种更具冲击力的现象，却也是普通大众最容易接触的方案。当城市里的人还在家中犹豫要不要大胆地推开咨询室大门，向一个陌生人敞开心扉，按小时支付给这个人高额的心理咨询费用时，他们在农村的亲戚可能早已经在热火朝天地忙活着去布置供巫医做法的道场了。

对待这种迷信复兴的社会现象，我要问的是，这仅仅属于个别的个人问题吗？巫医的门庭若市说明他们迎合了很多人的需求。这些顾客被治疗的"虚病"的社会根源是什么呢？凡是受过社会科学训练的人都明白，个人的苦难故事其实都是程式化的社会事件。现代社会里生长出无数强大的个体，但我们内心承担的麻烦却一直没有消逝，甚至有愈演愈烈的趋势。去关注那些出了问题的人或者治疗路径，其目的并不是为迷信张本，而是反观这个社会的隐痛和心灵的社会性起源。

我起初的研究设计偏重的是本土民俗治疗的角度。医学人类学的研究区分了 disease 和 illness。前者是客观的生病，后者是主观上对病的认知和反应，受到文化观念的渗入性的影响。例如中国人的"惊""神经衰弱""肾虚"等就是中国文化特有的病。换到另一种文化语言环境中，同样的症状会有完全不一样的解释和处理办法。前来求助的人中，很多都在多种救助体系下辗转奔波过。哪些因素牵制当事人的求助选择？当事人自己如何看待差异巨大的解决方案？各体系之间有没有沟通和局部共融的可能？巫婆神汉在通灵状态下，以神的使者身份自居，以一种超然的身份为家务提供解决办法，利用倒转的身份调节家内外的关系。迷信是否只局限在家务和私人领域里？在历史上如何自处？此外，在民间医疗的具体仪式活动中，众亲戚的参与是非常重要的。很容易据此提出一个假设，全家齐上阵的仪式动员给病人以被关注感、心理慰藉和社会支持，有助于病症的驱除。我想在研究中结合案例，讨论这种突出亲缘关系的处理方法所具备的象征意义，其背后的社会文化结构以及它的作用。

带着这个研究设计，我申请到了澳大利亚国立大学（简称"澳国立"，英文缩写为"ANU"）的博士项目。到了澳国立之后，或许受多元文化环境的刺激，我有了新的想法，想放弃之前的本土研究，跃跃欲试于海外。我一度想研究越南，一个和中国有着千丝万缕关系的文明体。我当时认为"真正的"人类学还是要研究异文化的，更重要的是通过研究异文化，跳出中国研究的一些窠臼，直接在理论层次上有所建树，而不是局限于给西方理论提供中国本土原料。但是导师 Andrew Kipnis 是个认清现实的人，一针见血地戳破了我的越南研究白日梦——"澳洲的学制只有四年，你没有足够的时间学习一门新的语言"。所以我的海外研究只是心血来潮了一下，最终还是走向了"中国留学生出国，拜做中国研究的人为师，回国研究中国"这种最为常见的人类学留学过程。

博士项目第一年，我继续做文献梳理和研究计划。除了最早设想的问题，我把重点放在了伦理上面。民间信仰是不是道德无涉？有学者认为民间宗教是传统道德秩序的发声器而已，并不单独具有独立的道德机制。也有学者指出，道德想象充斥在民间宗教的符号与仪式中。道德成分在其自身体系中的位置和意义，以及行业专家如何在实践中主动生产行业的工作伦理，相对缺少关注。通过去美国参加全美人类学协会的年会，我发现当时人类学恰好在道德议题上兴起一股反思热潮，从涂尔干式的社会性等同于道德性的基本假设，转移到了福柯式的对个人作为伦理主体的关注上来。巫医以及其他相关的实践者如何成为一个伦理主体就成为我的关注焦点。这个主题也一直延伸到我后来对术数从业者的研究。

按照惯例，每个博士生，在第二年启程奔赴田野之前，要做一场公开的报告会，这场报告被放在系里每周一次的例行报告会序列里。当时我那场报告会好像持续了四个小时，因为在场的人都很感兴趣，在提问环节里，每个人都提了问题或做出评论。结束时，系主任说我的报告会时长创下了近期系里的历史记录。我很感念澳国立亚太学院人类学系的报告会氛围——不管是不是自己熟悉的地域，大家都会来听，并且会提出诚恳的意见，而不是消极参与。大家纯粹是出于学术的好奇来到现场，而国内很多学者包括我在内，如果演讲的题目不是自己感兴趣或熟悉的领域，几乎很难愿意搬动自己的肉身出场。这大概是两种学术动力的区别，一种是相对抽离的智识取向，一种是相对卷入的实用主义取向。前者可以牵连到各式各样的议题，后者有针对性，强调知行合一。

回国田野期间，我发现巫医经常会和占卜者合作，比如一些占卜者会建议咨询的顾客来找乡下巫医"打送打送"，而城市里每个街道都有术数从业者的馆子。我同时意识到，民俗治疗这个议题已经有很多研究，包括欧美人类学家和中国台湾的人类学家，我恐怕很难超越现有的研究，但是城市里的占卜术数现象之复兴，在国内外的文献中都还是个空白。城市的占卜术数从业者和乡村的巫医治疗有千丝万缕的关系，而且能反射出更复杂的城市人间百态相，我随即向导师打报告说我想把研究主题转向城市。获得导师同意后，主题就从民俗治疗转到了城市里"以迷信为业"的人：术数从业者。

这个转换，看似突然，其实和先前的研究设计同属于一个民间信仰与实践的光谱。在调研期间，我利用亲友关系拜访了多位在当地开馆的术数从业者，也在其他城市寻访了一些人。对这个群体的众生相有了基本的了解。在田野过程中，"江湖"是横亘于我和报道人之间的一个障碍。我的报道人总是被冠以"大师""周易专家""算命先生""江湖术士"等种种名头。我则是一直在学校里生活的"三好学生"，没有任何"社会经验"，女性，不抽烟，不喝酒，很无聊。我为我所缺少的"江湖气"感到自卑，田野也没有做得很透彻，估计至今我也没有获知足够多的"行业内幕"。我只能靠老老实实的搭时间，留取一些有代表性的从业者的经历，凭借理解增进之后自然生发的同理心，抹去一些"江湖人生"与"无聊人生"的差别。

积累了大量素材之后遇到的挑战，也是在博士论文写作的过程中最关键的，在于找寻一个牵一发而动全身的"发力点"。到底从哪个主题入手才可以收拢住海量而且杂乱的田野资料呢？我反复推敲，决定从最直观的感受出发，来寻找答案。这个职业群体给我最强烈的印象是"能说"。第一次相逢，我的受访对象都会滔滔不绝地赞颂周易的伟大，细数自己从业期间做了哪些神准的预测，解救了多少受困扰的人。他们无一例外地都用"说"来谋生，更用"说"来为自己的职业唱赞歌。试想，如果是其他职业的人，会花费这么多的精力来说明自己职业的正当性和必要性吗？这看似多余的举动，恰恰牵连出这个职业群体的集体焦虑，即如何为自己的迷信职业正名。即便是不乏拥趸的明星"大师"，在保有行业领先的高傲的同时，也要时刻攀附传统文化来谈论自己饭碗的正当性，似乎时时刻刻防范着质疑。这种自信与自卑融为一体的吊诡心理，让我对"心病"的关注重点从顾客群体转换到了这个职业群体身上。人们总是把术数从业者轻松捧到天，又随手摔到地。不管是"江湖术士""周易专家"还是"大师"，他们跟多数普通人一样，为谋生奔波，在自卑与自得之间跌宕沉浮。他们所行走的江湖，有边缘化的一面，又是人世百态的投射。我发觉，江湖之中，他们自身的命运以及所"掐算"的命运，一起编织出一个水面上的意义之网，充盈着中国式的社会想象力：于变幻激流中腾挪转身，于人世浮沉中抓取支撑生活的信条。

把题目锁定在一个有限的话题上，可以辐射到更大的社会文化议题。研究从术数职业群体谋求自身职业的正当性途径出发，涉及道德伦理、科学理性、知识权力等经典话题。在从业者试图合理化自身的过程中，我们能够看到意义是怎样被边缘群体与主流社会合力制造出来的。在观察意义制造的过程中，我们进一步发掘出一些基本的社会张力和本质性的文化价值在当代中国社会如何起作用，传统的知识生产体系如何向现代知识生产体系靠拢。同时，在顾客群体方面，我们看到自我治理和自我责任（self-responsibility）等个人主义思潮的盛行，与社会强制性和不确定性交汇碰撞，从而衍生出无数"问命"者。

在找到这个发力点之后，后面的章节设计、段落铺陈自然而然地就出来了。在论文完结后，我感到术数对于中国文明走向的影响十分深刻，对于民间心态的把握又角度奇巧，是非常值得挖掘的一个社会科学论题。单纯我个人能想到的一些很容易着手开展研究的分支议题就包括：命运观念的变化与延续、知识传授形式的演变、产业链条的走向、与网络媒体的结合、从业者建制化的努力、向新兴心理咨询业的靠拢、与西方同类实践的对比等。我也有很多在博士论文研究中没达成的志愿，尤其是对顾客层面的"心史"的把握，在聚焦职业群体的研究中没有深入下去，甚为遗憾。此外，对于术数知识社会学的探究也是饶有意味的。"山医命相卜"以及传统武术共享同一套逻辑框架和推理体系，深刻地影响了国人的宇宙观和世界观，这种影响深入骨髓，不但在日常生活中频繁闪现，也嵌入我们的思维和语言结构中。例如李约瑟等人论及的关联性思维在阴阳五行的推理中占据核心地位，其影响延续至今。又如"复杂"这个词，就来自《易经》的"复卦"和"杂卦"这两个描述卦象关系的术语。所以知识技法与社会人文的互相渗透，再次呼应了费老论文里对"只可意会不可言传"之事的研究倡议。我为自己留一个小的伏笔，期待能够在学力达到的时期，处理这个能够摸到文明脉搏的议题。我们表面研究的是边缘群体的表达方式，其实是本土文化影响下的行动策略，更加孜孜以求的还是思维的奥义。但是，因为兴趣转移等多种原因，我只能暂时搁置下术数有关的研究。回国工作后，我被建筑人类学所吸引。博士期间的研究投入了大量精力去关注"话语"，关注边缘从业者的言说与行动，凸显行动者解释创造和裁制真实的能力。在后续的研究中，我希望自己能够从"物质"——这个与"话语"截然相反的、更为"坚硬"的本体——来开展讨论。其实，费老关于"人观""心""意识"的研究倡议，或许在看似最遥远的最硬的物质层面存在着能够跨越主客藩篱的突破点。

　　上文从个人的角度回顾了本研究的前因后果。虽然最后成果写的是我个人的名字，但是每个人的博士研究背后都有无数人的抬举和扶持，才能走下去。我能够顺利毕业，多亏我的导师组简直是"梦之队"。主导师 Andrew Kipnis（我们都叫他 Andy，中文名任柯安），用本土流行话来形容，就是"靠谱"。他的指导持续、负责，而且恰到好处。Andy 并不是热情澎湃型的性格，他秉承的是问题导向、实事求是的原则，对每一个学生，他都会提供最为稳定的助力。我延期半年毕业，Andy 通过让我做行政助理的方式，从经济上帮我解了燃眉之急。而且他大大地提高了我的写作的逻辑性。我和同门师兄都对 Andy 的一个"执念"印象深刻：他反复耳提面命地要求我们写作要有"coherence"（连贯性）。他要求每个句子之间、每个段落之间都要有清晰的逻辑关系，整个文本内部要形成有机的整体。这个要求因为被他提了无数遍，我在写作上再怎么笨拙，多少也会被灌注进去一些"功力"。连贯性强调的不是流畅与否，而是各个部分之间的关系清晰。一句是一句，每句话在整体中都有自己的明确定位。很明显，Andy 的这个强烈的要求，对学生的表达和写作产生深远的益处。我的另一位导师组成员 Philip Taylor 看起来很清秀，实际上是个热情洋溢型的教师。我想全世界也很少能找到愿意每次和自己指导的学生畅谈三四个小时的导师了，Philip 就是一个能做到如此罕见的投入的人。他天资聪颖，十分敏锐，总是不断地启发学生。Philip 指导的学生多次获得论文奖项就是最好的证明。Philip 对很多事情都保持着旺盛的好奇心，但他不用智能手机，也不开车。他言传身教地示范了一个知识分子在浮躁的当代如何安身立命。第三位导师 Benjamin Penny 思维欢脱、蹦蹦跳跳，像个大男生。在学生们最沉郁的日子里他总有魔法去鼓舞到别人。Ben 是一个历史学家，他为我指出了很多寻找文献的方法。在毕业后我见到 Ben 的次数最多，每次都如老友重逢。他开朗有趣，兴趣点奇特，是你能想到的最好的朋友。上述导师的帮助，无论用语言怎么赞美都不为过。更重要的也许是用行动来证明，自己没有在离开学校后，就逐渐淡漠掉曾经的联结。我期待能够有更多的合作或资源支持条件，来协助三位老师的智识兴趣与研究。

开会遇到美国的同仁，他们作为"中心"，对澳洲一直还保有一种"异域风情"的想象。虽然在地缘等级上，澳洲没有声势，但是在我们中国人讲究的"做人"上，ANU 的师生绝对站在世界第一等。今天回想起 ANU 人类学学科片的老师和同学们，人物群像都蒙上了一层柔和的光。可能他们对人都太好了，太友善了。人类学学科片一直有老师义务组织论文工作坊、帮助博士生写论文的传统。在我读书期间，承担这项任务的是满头白发的 Patrick Guinness。他给学生提指导意见的时候，总是带着鼓励的笑，这种宽和，即便在他的同龄人之间，也已经是珍贵的品质。我们这些英语蹩脚的第三世界的博士生，在没有课程训练的前提下，就被赶上论文写作的战场，吃力、自卑的心理是很强烈的。但是有 Patrick 那样的笑容鼓励，足够让心里的阴霾退散。我对于 ANU 亚太学院人类学系所在的 Coombs 大楼有无限的眷恋。Coombs 是一个从俯瞰角度看像几个蜂巢嵌套在一起的大楼，每层均为环形的结构，以让人找不着北而著称。Coombs 大楼的众多居民像小蜜蜂一样飞进飞出这个不夜城。三位和蔼的门卫，昼夜值班不锁门，允许学生们以办公室为家，对每个深夜去办公室熬夜赶工的学生报以热情的笑容。入学第一次进驻 Coombs 办公室时，每个学生首先接触的是温暖的行政团队：Jo Bushby、Stephen Meatheringham、Fay Castles 和 Helen Parsons。我想象不出来还有比他们更加温和友善的行政支持团队了，每个人常年面带微笑，而且这种友善很自然、毫不费力。Alan Rumsey、Kathy Robinson、Andrew MacWilliam 以及 Kenneth George 不仅是出色的人类学家，也是充满魅力的团队领导。如果我把 Coombs 友邻的名字全列出来,那么名单就太长了。下面只列出相对比较熟识的同学和老师:Song Geng、Roald Maliangkay、Sin Wen Lau、Lina Jakob、Kathy Churchman、Chen Jiongguang、Mar Khin Mar Mar Kyi、Lina Koleilat、Bo Seo、Lena Heinzmann、Darja Hoenigman、Prasert Rangkla、Adlin Sila、Stella Hutagalung、Karen Tu、Ying-Cheng Chang、Andrew Leary、Thu Le、Yani Taufik、Asrun Lio、Visisya Pinthongvijayakul、Sacha Cody、Markus Bell、Gita Nasution、Poonnatree Jiaviriyaboonya、Udeni Hanchapola Appuhamilage、Andrey Damaledo、Lan Thai、Ha Quan。陈量师兄在硕士和博士期间都和我跟随同一个导师。初到堪培拉时,师兄忙前忙后,告诉我很多窍门,给我提供很多便利。所有同学中给我最多支持的要数 Tiffany Cone、Roger Casas 和董轩。他们三位从 Coombs 走出后,现在都在各自的工作岗位上成长为优异的人类学家。我偶尔在校外遇到 Coombs 工作过的老教职人员,他们都会对 Coombs 唏嘘一番,感叹人们对它的忠贞感情。对往日的唏嘘也源于对今日的遗憾。昔日亚太研究的重镇,这些年走下坡路的趋势明显。频繁的院系调整、削减预算、裁员、人才流失,让人不胜其烦。不管世事如何变化,我们对 Coombs 的感情不变。有教员为它写过诗,还集体出版过一本 Coomb 大楼的传记和回忆录。也是从 Coombs 开始,让我注意到建筑空间与人的情感交换。

孙月、李一男、费晟、顾洁、钟雪晴、周效里、和文臻、魏舒歌等在澳洲结识的小伙伴像澳洲的阳光一样温暖。他们让我在无聊透顶的堪培拉感到完整而愉快。来自青岛的 Jackie Chen、Penny Chen、Ella Chen 一家,以及 Barbara Smith、Jane Kenned、Katherine Reynoldson 都在异乡向我敞开了家门,带给我家庭的温暖氛围。

在成文过程中,以下学者给我很多直接的帮助:叶春荣、杨德睿、杜靖、Konstantinos Zorbas、高丙中、赖立里、Judith Farquhar、Richard Smith、王斯福、周越、张鹂、Børge Bakken、王琛发、陈进国、李善峰、Margot Lyon、Nathan Wolley、Assa Doron、Matt Tomlinson、Rebekah Plueckhahn、Chris Connolly、Duncan Campbell、朱煜杰、钱颖、张静红、Tom Cliff、黄宣颖、曹南来、Gretchen Stolte、Utiraruto Otehode、Jamie Coates、沈阳、汤蓓蓓、周永明、袁长庚、宋红娟、石汉(Hans Steinmüller)、陈晓伟、王耀、林叶、董思思。

我在人类学道路上的蒙师,中央民族大学张海洋教授在我学术路途的前面几年里，一直是灯塔一样的人物。现在我虽然有自己的观念，但不能忘记我是如何从一张白纸变成今天的样子。在最基础最重要的阶段里，张海洋老师给我的烙印最深。每个周二晚上是他面向学生的接待日，我们一群人挤满了他狭小的办公室，听着他精彩的言论，如痴如醉，似懂非懂，可谓中国版的"相约星期二"。本科时期每次路过张老师所在的办公楼，他的房间总是灯火通明。在很长一段时间里，那束灯光如芒在背，让我在学业上步履不停。北京大学的朱晓阳老师哲学积淀深厚，对地志学和现象学的兴趣，都直接决定了我目前的研究走向。朱老师淡泊明志、大气质朴的人生态度，对诗歌、绘画、话剧等艺术门类的热爱，也深刻地影响了我和其他同门。

亲友的鼓舞是让我完成这个研究的重要动力。张雪霜、陈超、孙雅娴、苏枫、张晨晨、王晶、柯晓、孙超、王惠、宋尚容、罗杨、梁文静、李建明等一众老友，一直关注着我的研究进展，并期待着我学成归来后能够继续和他们吃饭八卦。

田野中认识了很多精彩的人物。田野报道人的慷慨与分享知识的热情让这个项目得以实现。我认为术数从业者可能是庙堂与学堂之外，最热爱阅读学习的人群之一。在他们看来，术数知识体系不仅是其安身立命之所，也具有摄人心魄的魅力。陷于这种玄妙的魅力，在外人看来或许是走火入魔的表现，他们在精神上获得的欢愉之大，也是外人难以企及的。当时在清华哲学系读博士的同仁沈鸿慎先生慷慨无私地帮助我学习术数的基本知识。他向我引介了梁湘润居士的多本教材，成为我重要的参考资料。沈老师不厌其烦地回答我的咨询，花费了许多个晚上在通讯软件上耐心地帮我解读友人的命盘。沈鸿慎写有大量真诚认真的学术随笔，与朋友热烈地谈论康德与孔子。他和我是同龄人，却早已十分明显地体现出儒家文明熏染下知识分子的崇高追求，所谓"为天地立心，为往圣继绝学"。

在英语写作上我严重仰赖于几位语言交换伙伴对我的帮助。他们是Kane Sinclair、Stephen Ginpil、Peter Hardie以及Jonathan Goodall。我们不仅仅在中英文语言互助上是伙伴，他们也向我打开了澳洲人的生活世界。我也要特别感谢澳国立文化、历史与语言系的专职校对Maxine McArthur，在英文论文编辑上提供了雪中送炭的专业帮助。

我的父母李克峰先生和刘莉女士，一直给予我最大的关心和支持。他们替我挡住了很多社会压力，分担了很多忧虑。他们也是我的所有作品的最热切的读者。我也特别感恩于朱亚云和 Yen Le。读博期间，只要我在线上呼叫亚云，对方总是应声而至。如果没有亚云的陪伴，我是无论如何也熬不过去艰难的博士生涯的（估计有类似感受的人大概有一个班之多，所以亚云的友情支援，严重拖累了他自己按时毕业）。Yen 是所有同学中对我最关切的一位，我们之间的邮件通信大概有上百封。Yen 总是用最热忱的话语鼓励着我，其实她自己的压力比谁都大。等我们这些家伙老了，那些我们曾经努力争取的、耿耿于怀的、让我们焦虑不已的，都已是过往云烟，唯一还记得的，只有格里芬湖的水波和日落黑山的晚霞。

邢婷婷、Stephanie Homola 和我从事近似题目的研究，她们都曾对我的论文给出过最为内行、到位的评点。在与她们的交流探讨中，我获得了直接的启发和帮助。两位学者今天在相关领域已经颇有知名度，我作为同仁在感到压力的同时也感到十分荣幸。

本书编辑刘芳老师高效利落的工作能力，连同她总为作者着想的工作伦理，让她成为我的职业榜样。感谢译者丁胜男及时准确地将英文原稿翻译成中文。全文由我自行校对，并做了修改增减。我承担该书在法律、政治、科学和道义上的全部责任。